DE LA NATVRE

DES DIEVX DE MARC
TVL. CICERON PERE DE
l'Eloquence & Philosophie Romaine, traduits en François,

PAR GVY LE FEVRE,
DE LA BODERIE.

AV ROY TRES-CHRESTIEN HENRY III. ROY DE
FRANCE ET DE POLOGNE

A PARIS
Chez Abel l'Angelier, au premier pillier
de la grand' salle du Palais.

M. D. LXXXI.

Auec Priuilege du Roy.

AV ROY TRESCHRE-
STIEN HENRY III. ROY DE
FRANCE ET DE POLONGNE.

IRE, ja de long temps con-
sideront à part moy, que les
diuerses erreurs que ce miserable temps a renouuelees
& remises sus, trainoient à
leur suitte le comble de toute
impieté & damnable A-
theisme, qui fait profession
de ne rien croire, & d'oster
la prouidence diuine de l'ad-
ministration du monde, puis vingt ans en ça i'ay mis toute
peine & diligence à moy possible, selon le petit talent qu'il a
pleu à Dieu me prester, de dresser le fruit de mes estudes
pour la confirmation de nostre religion Chrestienne & Ca-
tholique à l'encontre de ces autres Geants, qui s'efforcent de
rebastir la tour de Babel, & escheler le ciel pour dechasser
Dieu de son siege, dequoy font foy plusieurs escrits pu-
bliez tant en prose qu'en vers, & en langues diuerses qui
tous tendent à ceste fin. Ores suiuant encores mes premieres

ã ij

EPISTRE

brisees voyant que de iour en iour ce mal s'augmente & se redouble, & neantmoins que la pluspart de noz escriuains s'amusent plustost apres des discours de plaisir, ou des poësies amoureuses, ou quelques autres traittez à la Grecque, c'est à dire fabuleux & moquables, pour donner tant seulement plaisir & contentement aux Princes & aux grans. I'ay pensé que le principal cheinon duquel tous les autres depēdēt est celuy que moins on asseure, & dont on fait le moindre cas, à sçauoir de renoueler la cognoissance de Dieu effacee en plusieurs tableaux ou entēdemēs humains. A ceste cause i'ay traduit ce liure de la nature des Dieux de Cicerō pere de l'Eloquence & Philosophie Latine, en nostre langue à fin que les grands, qui pour auoir employé toute leur aage à l'exercice des armes & manimēt des affaires du mōde, n'ont eu le loisir d'apprēdre les langues estrāgeres, s'en puissēt seruir, & en retirer le fruit esperé. En iceux ceste lumiere des lettres Latines, selon sa façon de faire, i'entē Academiquemēt, & en l'vne & l'autre part, a discouru à bō esciēt la questiō de Dieu & de la Prouidēce en l'administration & gouuernemēt des trois mōdes, c'est à dire le Celeste, l'Elemētaire & l'humain, & tout ce qui est cōpris en iceux introduisāt trois hōmes de trois professiōs, le premier Epicurien, le secōd Stoique, & le troisiesme Academique, ou bien celuy qui n'a iuré en l'authorité d'aucun, & qui ne reçoit que la raison pour tout tesmoignage. Le premier s'efforce de destruire la Prouidēce & sagesse admirable de Dieu, que les Payēs parauature apres les Hebrieux qui le nōmēt Elohim, appelēt Dieux en pluriel nōbre. Le secōd de professiō Stoique, tout au cōtraire ameine vn grād nōbre de beaux & doctes argumēs pris & tirez du girō de la nature, pour asseurer & cōme estaçoner

AV ROY.

de fortes colōnes le baſtimēt de la Prouidēce, & l'ordre & entreſuitte admirable des cauſes & effets encheinez & liez enſemblemēt, & deſcouuras cōme au doigt & à l'œil la diuine & incōparable puiſſāce, ſageſſe, & bōté du pere, des lumieres diffuſe & reſpāduë par ce grād Tout, que les Grecs ont à bō droit nōmé Coſmos, ou ornemēt, & nous apres les Latins Mōde, à cauſe de l'ordre & belle & riche diſpoſitiō qui s'y manifeſte & reluit de toutes parts. Et le troiſieſme finablemēt taſchāt d'eſlocher & rēuerſer tous les fondemēs & pillotis plātez par les deux autres, ſe par force de monſtrer ceſte queſtiō de la nature & cōſideratiō de la diuinité, eſtre l'vne des pl° obſcures & douteuſes qui ſe puiſſe offrir à l'entēdemēt humain aidé & porté ſeulemēt ſur les aiſles de la Nature, & nō ſouſtenu de celles de la Foy. Cōme elle a eſté certainement entre tous les Gētils auant l'aduenemēt de la Parole incarnee. Car cōe dit l'eſcriture, nul n'a veu Dieu, mais le fils qui eſtoit au ſein du Pere de toute Eternité, iceluy ſeul le nous a reuelé. En ceſt œuure & diſpute, toutefois l'autheur ne ſemble auoir riē obmis de ce qui appartient aux diſcours & raiſons qu'ameinēt de noſtre aage les Mécreāts, Lucianiſtes, Epicuriēs, & Libertins qui cōme ſerpens rāpēt & pullullēt de iour en iour entre vne infinité d'autres ſectes ia ſur-annees, & toutefois rafreſchies de noſtre tēps au grād preiudice & trouble de la Chreſtiēté, & cōme à la ruine, ou pour le moins eſbrālemēt des Republiques, Royaumes & Monarchies non ſeulemēt de l'Europe, mais auſſi de preſque tout l'vniuers qui en eſt agité de toutes parts. Ce qui me fait iuger, ſi mon petit & debile eſprit peut rien coniecturer de l'aduenir, qu'il n'y a nul autre argument où les doctes ſe doiuent pluſtoſt

á iij

EPISTRE

employer, ne qui soit plus digne d'estre leu des Princes & des grands preposez au gouuernement des peuples, qu'est celuy qui traitte de la cognoissance de Dieu, & de la vraye pieté & religion que nous luy deuons. Et combien que ie n'ignore point que cela ne se doiue plustost tirer & puiser en la claire fonteine des escritures saintes, que non pas des troubles ruisseaux de la Philosophie. Si est ce neantmoins que nous experimentons tous les iours, ne sçay comment, que la pluspart des esprits naturellement esueillez & aigus, & toutesfois non tant poliz ny consommez aux lettres, sont plustost satisfaits de quelques belles raisons, exemples ou cõparaisons prises de la nature, qui des choses sensibles les esleuent aux intellectuelles, que non pas des simples tesmoignages des escritures saintes, ou des Docteurs Catholiques & Chrestiens, combien que pour confesser la verité il y a autant de difference entre les vns & les autres, qu'il y a entre la lumiere de la Lune & celle du Soleil. Car la lumiere naturelle qui se descouure en la Philosophie des autheurs Ethniques & Gentils, comparee auecques la lumiere diuine & infuse de l'esprit de Dieu au cueur des Apostres & hommes Apostoliques, ne donne pas plus de clarté, ny de iour aux esprits, que feroit à noz yeux la lueur de la Lune, blanche & argentee en comparaison de celle du tout voyant & doré Soleil. Mais aussi par ce que l'œil de nostre entendement en la consideration & recherche de Dieu, Soleil de iustice, s'esblouyt & rebouche comme celuy du hibou, vis à vis des rayons du grand œil de ce monde, ainsi que dit Aristote, pourtant il semble que noz esprits debiles sont plus aptes à remirer la lumiere naturelle de la Philosophie

AV ROY.

phie, que non pas la diuine des escritures saintes, & oracles des Prophetes. Et pour ceste cause i'ay pensé que ie ne consommerois du tout en vain le temps, ny les heures à traduire ce traitté. Parauanture quelqu'vn dira, que ce n'est pas vn œuure qui se doiue lire en François, & encore moins digne d'estre offert & consacré à vostre Maiesté, l'vn, d'autant qu'il n'est pas possible de luy donner en autre langue, la grace, elegance, & douceur qu'il retient en la sienne : l'autre qu'vn tel œuure Latin manié de tant de mains d'hommes, n'estoit pas digne de vostre Auguste & Royale Maiesté, à laquelle rien ne se doit presenter qui ne soit rare & singulier, & du tout ressentant son amplitude & magnificence. Ce que ie confesse volontiers : toutesfois par ce que i'ay appris qu'elle se plaist & delecte sur tout en l'eloquence, qu'il semble que la mesme Peithon ait distillee sur ses leures. I'ay choisi du pere de l'eloquence Latine & vnique artisan de bien dire, Ciceron, ce traitté de la nature des Dieux, l'vn des plus doctes, polis, & mieux élabourez qui soit iamais forty de sa boutique, comme estant remply de graues & riches discours, sentences notables, & orné de toutes les fleurs d'oraison qui se peuuent employer & dependre en tel subiet autrement tresobscur & difficile, à fin que tout d'vne main auecques la grace de bien dire on y puisse proffiter en la cognoissance des choses. Car comme a dit Horace,

Cestuy-là seul l'emporte de tout point
Qui à douceur l'vtilité conioint.

Attendant que le temps & l'occasion m'ouurent le chemin pour offrir & dedier à vostre Maiesté autres œuures, partie de mon inuention, & en partie traduits des langues e-

EPISTRE.

strangeres, que i'ay prestes de mettre sur la presse, pour vn tesmoignage de l'humble & syncere deuotion que ie porte à son seruice, & pour en quelque sorte satisfaire au commandement que n'agueres il vous pleut me faire en vostre ville de Blois.

 SIRE, encores que la grandeur de Dieu, reluise manifestement en tout le Theatre de l'vniuers, & qu'il n'y ait estage en la Nature, ou sa sagesse incomparable & infinie bõté ne se descouure, ainsi qu'a disertement escrit le grand Roy Prophete & Poëte des Hebrieux, en son Ode dix & neufiesme.

Les Cieux racontent en tout lieu
 La gloire, & la grandeur de Dieu,
 Et le rond Firmament descœuure
 De ses deux mains le beau chef-d'œuure.
Iour à iour langage produit,
 Et vne nuit à l'autre nuit,
 Monstre & annonce la Science,
 Et l'ordre de sa Prouidence.
Nulle parolle, ny discours,
 Ne roulent auecques leurs cours
 Où leur voix, réson, & faconde
 Ne s'entende par tout le monde.
Par toute terre entierement,
 Est sorty leur allignement,
 Et aux fins du monde habitable,
 Leur son & parler delectable.
En eux il a mis au Soleil
 Vn tabernacle & appareil,

          Et com-

AV ROY.

Et comme vn espoux de sa chambre,
Il sort dessous sa voute cambre.
Ainsi qu'vn Prince bien appris,
Pour auoir la bague & le prix,
Laissant tous les autres derriere
Qui le suiuent en la carriere.
De la fin des cieux sort son iour
Bornant à l'autre son retour,
Et n'y a chose que l'on sçache,
Laquelle à sa chaleur se cache.

Encores dy-ie que sa Prouidēce admirable se demonstre ouuertement tant au Ciel des Cieux, qu'au Monde Visible Celeste & Elementaire, si est-ce toutesfois que sa Splēdeur, Image & Semblance reluist principalement en l'Homme, son petit-Monde & le chef d'œuure de ses mains, & entre les Hommes, plus encores sur les Rois qui les gouuernent & cōmandent, mais d'autant plus excellēment sur vostre royale Maiesté, comme la gent & le Royaume qu'il a sousmis à vostre sceptre, est la premiere, la plus antique & la plus excellente de l'Vniuers. Ce que moyennant son aide, & le vostre, Sire, ie mettray peine de prouuer ailleurs par bons tesmoings & non reprochables. Car vous tenez le mesme rang & lieu entre les autres Princes & peuples, que fait le Coeur en nostre corps, la Pantaure entre les pierres precieuses, vostre Lis entre les fleurs, la Palme entre les plantes, le Lyon entre les bestes, le Dauphin entre les poissons, le Phœnix entre les oiseaux, & le Soleil entre les corps celestes. Homere appelloit les Rois Pasteurs des peuples, laquelle façon de parler il auoit possible empruntee des He-

A

EPISTRE

brieux, qui appellēt le Pasteur רועה Roy, ou cōme ils pronōcent Rohé, lequel nom Dauid mesme, qui de Pasteur auoit esté esleué à la supréme grādeur de Royauté, attribuë à Dieu quād il chāte, Rohé Israël haazinah, noheg, cazzon Iosef, Iosseb hacheroubim hesiah, lifné Efraim, ou Binjamin, ou Menasseh horerah eth gebonrathéca, ou leca lissuathah lanou. C'est à dire:

    O Pasteur d'Israël, preste moy ton oreille
    Qui menes & conduits Iosef cōme vne Oueille,
    Qui sur les Cherubins es assis, resplendy,
    Excite ta puissance, & ta vertu brandy
    Au regard d'Efraïm, & en la face claire,
    De ce fils de la dextre, & l'oublieux esclaire,
    Et vien ô bon Pasteur, pour le salut de nous.

    Et le diuin Platō disoit que comme vn Moutō ou Belier n'est pas esleu Pasteur & Roy du troupeau, ny le thoreau ne cōduit & gouuerne les autres bœufs ou thoreaux, ains l'homme qui est d'vn ordre superieur, aussi les Rois qui cōmandēt aux peuples doiuent auoir ie ne sçay quoy de plus diuin, plus excellent & sublime que n'ont les autres hōmes, cōme encores ils ont vn Ange ou Genie tutelaire & gardiē d'vne plus haute Hierarchie, que n'a chacun homme en particulier. Et cōme (au tesmoignage mesme de Pline) la nature a imprimé en l'homme ne sçay quelle marque & charactere, que les secrets Hebrieux appellent Pachad ou Terreur, de façon que le Lyon, le Tygre, l'Ours, la Panthere, & la plus farouche beste qui se puisse rencontrer, est comme frappee de quelque terreur & espouuentement au seul regard de l'homme, le Roy de tous les animaux, & ce d'autant plus que l'homme

est en

AV ROY.

est en estat de grace & d'innocence. Ainsi encores Dieu a imprimé en la face des Rois ne sçay quelle grandeur que nous disons Maiesté, & que les Latins diroient Numen, comme les Hebrieux appellent le Seigneur Eternel םשה Hassem, Numen & Nomen, c'est à dire la Diuinité & le nom ineffable, laquelle Splendeur Diuine donne terreur aux autres hommes qui s'en approchent, & s'en sentent frapper d'esblouyssement non autrement que feroit vn œil debile iettant la pointe de la veuë, vis à vis de l'ardãte rouë du Soleil en son exaltation, & ce d'autant plus que les Rois imitent de plus pres la Maiesté Diuine en puissance, en Iustice, & Pieté enuers les peuples qui leur sont soumis. Pourtant à bon droit Aristote, ou quiconque soit l'autheur du liure du Monde dedié au Monarque Alexandre, faisant comparaison de la Maiesté Diuine, à celle d'vn grãd Monarque: Nous soit proposee, dit-il, l'auguste apparẽce d'vn Cãbyse, d'vn Xerxe, ou Daire, qui soit ornee iusques à la souueraine aplitude de la Maiesté venerable. Car on tiẽt par bruit cõmun qu'ils faisoient leur seiour, ou en Suses, ou en Ecbatane sans estre veuz de personne, cõme feroiẽt de present ou le grand Cham de Cathay, ou le Neghus d'Ethiopie, ou le grãd Roy de la Chine, qui ne se laissẽt veoir que biẽ peu souuẽt, & qu'ils habitoiẽt en vn Palais Royal admirable, tout rayonnant d'or, d'yuoire, & de pierreries, où ne manquoient point force portaux continuez & magnifiques, ausquels y auoit encores des auant-portaux diuis & separez de grand interualle, fermement soustenuz & appuyez de portes d'airain & de grandes murailles. D'abondant vn grand nombre d'hommes de premiere

A ij

EPISTRE

marque rendoiēt par dehors tel appareil plus orné, floriſſans en grād eſtime & valeur, aucuns deſquels faiſoiēt la garde autour du corps du Roy, cōe ſes Gentilshōmes & Archers: les autres ſe nōmoiēt gardes du pourpris & enceite, huiſſiers, & eſpiōs ou deſcouureurs, de ſorte que par iceux le Roy appellé des Medes & Perſes Dieu & Seigneur, voyoit & entēdoit toutes choſes. Outre iceux eſtoiēt eſtabliz des Financiers & Receueurs generaux, Capitaines & Colonels de guerre, Maiſtres de venerie, ceux qui preſidoiēt à receuoir les charges, & en ſomme tous ceux qui auoiēt l'ētremiſe des autres affaires, cōe l'vſage & le deuoir le requeroit. Et tout l'Empire d'Aſie borné de l'Helleſpōte vers l'Occidēt, & des Indes de la part du Leuāt, eſtoit cōmis au gouuernement & adminiſtratiō des Ducs, Gouuerneurs, & Preſidēs, & autres Rois & ſeruiteurs du grād Roy, qui de iour eſtoiēt à pié, cōme Epiōs, Ambaſſadeurs, Agēts, & Sētinelles. Tel, dit-il, eſt le Monde, principalement toutesfois & quātes qu'ils mōſtroiēt tour à tour, & les vns aux autres aux eſchauguettes & lāternes les feuz des dernieres fins & extremitez de l'Empire iuſques à Suſe & Ecbatane, de ſorte qu'ēvn meſme iour le Roy ſçauoit & entendoit tout ce qui ſe faiſoit en l'Aſie. Et pourtāt deuōs nous eſtimer l'excellēce d'vn grand Roy cōparee à la Maieſté de Dieu Tout-puiſſant & Tout-cōprenāt eſtre d'autāt moins parfaitte, cōe plus parfaitte elle eſt, ſi elle eſt parāgōnee auec vn hōme imbecile & fait-neāt. Parquoy, dit-il, s il ne touchoit en rien à ſon hōneur d'apparoir Xerxes, & d'accōplir & parfaire tout ce qu'il vouloit & preſider en ſon priué cōſeil, & aux affaires d'eſtat, beaucoup moins cela ſe doit eſtimer indigne de Dieu: ainçois faut eſtimer

AV ROY.

estimer qu'il est pl⁹ graue & pl⁹ scāt que son haut thrône soit ferme & stable en quelque lieu sublime, & que sa vertu est respāduë par tout le Mōde Vniuers, qui fait mouuoir le Soleil & la Lune, & tournoyer tout le Ciel, & qu'il est l'autheur du salut & entretiē des choses qui sont cōtenuës en la terre. N'ayāt affaire d'aucūs engins ou machines recerchees ny du ministere d'autruy, ce qui toutesfois auiēt aux Princes de nostre ordre, lesquels à cause de l'imbecilité de leurs forces desirēt l'aide & le secours de plusieurs. Voila cōme il cōpare à vn Roy terriē le Dieu Tout-puissant que les Hebrieux appellēt propremēt Melec Malché Hamelachim, le Roy des Rois lequel aux Rois preside. Cōme dōc vostre Maiesté rapporte de pl⁹ pres la puissance, authorité, & grādeur de Dieu aux choses tēporelles, que nul autre qui se trouue au rōd de la terre, aussi iusques à maintenāt depuis huit ou neuf cens ans en ça elle à porté le plus digne & auguste tiltre qu'aucun autre Prince ou Roy du Mōde, à sçauoir le tiltre de Treschrestien. Et pourtant sous l'aueu & authorité de vostre royale grandeur ie fay sortir cest œuure en lumiere, à fin que les autres Princes, Seigneurs, & Gētilshōmes tāt de vostre Cour que de toute l'estēduë de vostre Royaume, & nōmémēt ceux qui ne sont pas versez aux bōnes lettres & en la Philosophie, soient plustost induits à en faire lecture, pour des raisons & argumēs d'vn Payen Philosophe se fortiffier & deffendre à l'encōtre des friuoles obiections & vains discours d'vn tas d'Imposteurs Mécreans & Athées, qui pensent acquerir le nom de doctes & biē accorts, quād impudēmēt ils blasphement ou disputent à l'encontre de Dieu & de sa Prouidēce. I'ay bien souuenance, Sire, de vous auoir autresfois ouy dire

A iij

EPISTRE.

à vostre table, apres auoir patiemment ouy le long discours de l'vn de voz nourriçons & escholiers, que vous croyez fermement en Dieu, & qu'il n'estoit point de besoin de le vous prouuer par raisons. Aussi ne pretens-ie pas par la lecture de ce liure vous apporter melioremẽt de foy, qui graces à Dieu, estes assis sur le throsne, lequel depuis que la foy Chrestiẽne a esté plãtee en Gaule, n'a iamais soustenu de Roy heretique, ny mécreant, & d'auãtage auez fait preuue en tout endroit tant en paix qu'en guerre, du grãd zele & syncere affection que vous portez à la cõseruation & entretiẽ de l'vniõ de la Foy, & de l'Eglise vniuerselle, de laquelle voz deuanciers, Sire, ont tousiours esté, cõme de present est vostre Maiesté, le bras droit, & les protecteurs & deffenseurs inuariables. Mais cõme i'ay prédit, i'ay pris hardiesse de le vous addresser, à fin tãt seulemẽt que plusieurs par ce moyẽ soiẽt plustost induits & inuitez à la lecture d'iceluy, & que s'il rencontre tant de faueur que d'estre ouy de vous, il voús serue de cõfirmation & asseurance de la tres-humble obeissance, affectiõ, & reuerence que ie porte au seruice de vostre Maiesté, biẽ, paix, & tranquilité de l'Eglise Chrestienne, & ornement & grandeur de vostre couronne. Laquelle ie prie Dieu,

SIRE, qu'il vueille ouurir & amplifier iusques aux fins de la terre, & donner à vostre Maiesté accroissement de toute prosperité en parfaitte santé, paisible & longue vie. De Paris ce 12. iour de Iuillet, mil cinq cẽs quatrevingts-vn.

De vostre Maiesté le tres-humble, & tres-obeissant seruiteur & subiet, Guy le Féure, de la Boderie.

EXTRAICT DV PRIVILE-
GE DV ROY.

PAR lettres patentes donnees à la Chancellerie du Roy noſtre Sire, à Saint Maur des foſſez, en datte du neufieſme iour de Iuillet, l'an de grace mil cinq cens quatre vingts & vn, il eſt permis à Guy le Feure, de la Boderie, de choiſir tel Imprimeur, ou Imprimeurs, doctes & diligens qu'il verra bien eſtre pour imprimer ou faire imprimer vne, ou pluſieurs fois, toutes & chacunes ſes œuures tant de ſon inuention que de ſa verſion en pluſieurs & diuerſes langues, & tant celles qui ont ia eſté imprimees, que celles qui ſont encor' à imprimer tant en Theologie, Philoſophie, Mathematiques, Hiſtoire, que Poëſie, ſelon qu'il eſt plus amplement contenu auſdittes lettres de priuilege.

En vertu deſquelles iceluy DE LA BODERIE, a permis à Abel l'Angelier, Marchand, Libraire en la ville de Paris, d'imprimer ou faire imprimer, *Les trois liures de la Nature des Dieux de Ciceron pere de l'Eloquence, & Philoſophie Romaine*, par luy traduits en François, iuſques au temps & terme de dix ans finiz & accompliz à conter du iour que leſdits liures ſeront acheuez d'imprimer, auec prohibitions & deffenſes à tous autres Libraires, Imprimeurs & Marchands de ce Royaume, de non imprimer, faire imprimer, vendre ny diſtribuer leſdits liures, autres que ceux qui auront eſté imprimez, ou faits imprimer par ledit l'Angelier ſur les peines contenués auſdittes lettres de priuilege, recours à icelles ſignees Combaud & ſeellees du grand ſeel en cire iaune, fait le quinzieſme iour de Iuillet, mil cinq cens quatre vingts & vn.

DE LA NATVRE DES
DIEVX A MARC BRVTE
LIVRE PREMIER.

OMBIEN qu'il y ait plusieurs choses en la Philosophie qui n'ayent point encores assez esté desployees & esclarcies, si est-ce qu'entre toutes la questió de la nature des Dieux est tresdifficile, & tresobscure, ô Brute, ce que tu n'ignores point, laquelle est tresbelle pour la cognoissance de l'ame, & fort necessaire pour moderer la religion. De laquelle les sentences & auis des hommes tresdoctes sont si differentes & diuerses, que cela doit seruir d'vn suffisant argument, que la cause & le principe de la Philosophie c'est la science. Et que les Academiciens ont prudemment retenu leur consentement aux choses incertaines. Car qu'est-il plus des-honneste que la temerité, & qu'est-il tant temeraire & tant

indigne de la grauité & constance d'vn homme sage, que de sentir le faux, ou deffendre sans aucune doute ce qui n'a point encores assez ouuertement esté apperceu & cogneu? comme en ceste question plusieurs ont dit qu'il y a des Dieux (ce qui est grandement vray-semblable) & où nous sommes tous tirez par la guide & conduite de nature. Protagore a dit qu'il en doutoit, Diagore Melien, & Theodore Cyrenaïque ont pensé qu'il n'y en auoit point du tout. Mais ceux qui ont dit qu'il y auoit des Dieux sont en telle diuersité, & controuerse d'opinions que ce seroit chose ennuyeuse de raconter leurs sentences & aduis. Car il se dit beaucoup de choses & des figures des Dieux, & de leurs lieux & sieges, de leur action & vertu, voire d'eux-mesmes entre les studieux de sapience le debat en est tres-grand, & le discord inapointable. Or ce qui contient principalement le point & la cause, est sçauoir s'ils font rien, s'ils entreprennent rien, ou bien s'ils chomment de toute sollicitude & administration des choses: ou bien au contraire si dés le commencement toutes choses ont esté faites & ordonnees d'iceux, & si elles en sont gouuernees & muees iusques au temps infiny. En premier lieu le different en est grand, & s'il n'est vuidé, il est necessaire que les hommes soient detenus en souueraine erreur, & en l'ignorance de tres-grandes choses. Car il y a, & a eu des Philosophes, qui ont estimé que les Dieux n'auoient aucun soing ny prouidence des choses humaines desquels

si l'o-

ſi l'opinion eſt vraye, quelle peut eſtre la pieté? quelle la ſainteté? quelle la religion? car toutes ces choſes purement & chaſtement ſe doiuēt ainſi attribuer à la Maieſté des Dieux, ſi d'iceux elles ſont conſiderees, & ſ'il y a quelque choſe dōnee à la race des hommes de la part des Dieux immortels. Mais ſi au contraire les Dieux ny ne peuuent, ny ne veulent nous aider, ny n'ont aucun ſoing de nous, ny ne prennent garde à ce que nous faiſons, & ſ'il n'y a rien qui de leur part puiſſe paruenir, & decouler à la vie des hōmes, pourquoy eſt-ce que nous rendons aux Dieux immortels aucuns ſeruices, honneurs, & prieres?
Or ne peut eſtre ainſi la pieté en apparence de feinte ſimulation, comme les autres vertus, auec laquelle il eſt neceſſaire que periſſe du tout la ſainteté, & la religion, leſquelles oſtees d'entre les hommes ſ'enſuit vne perturbation de vie, & vne grande confuſion. Et ie ne ſçay ſi la pieté enuers les Dieux eſt oſtee, ſi la foy auſſi, & la ſocieté du genre humain & la iuſtice, qui eſt vne tref-excellente vertu, ſ'en ira point enſemblement. Il y a encores d'autres Philoſophes leſquels meſmes ſont grands & nobles, qui ſont d'auis que par la penſee & raiſon des Dieux tout le monde eſt adminiſtré & gouuerné: & non ſeulement cela: mais d'abondant qu'iceux proffitent & pouruoyent à la vie des hommes. Car ils eſtiment que les fruits, & les autres choſes que la terre produit & les changemens & diuerſitez des temps, meſmes les mutations du ciel, par leſquelles tout ce que la

B ij

DE LA NATVRE DES

terre engendre vient à maturité, assaisonnee, sont dónees des Dieux immortels à la race des hommes, & recueillent beaucoup de raisons qui seront dittes en ces liures, lesquelles sont bien telles, que presque il semble que les Dieux immortels les ayent forgees & faites pour la race des hommes. Contre lesquels Carneades a discouru tant de choses qu'il a deu exciter les hommes non paresseux à la conuoitise & desir de rechercher la verité. Car il n'y a question aucune de laquelle non seulement les doctes: mais aussi les indoctes & ignorans soient en plus grande controuerse. Desquels les opinions estans si diuerses & variables, & si discordantes entr'elles, certainement l'vn des deux se peut faire, qu'aucune d'icelles ne soit vraye, l'autre vrayement ne se peut, que l'vne soit plus veritable que l'autre. En laquelle cause nous pouuons appaiser les bienueillás repreneurs, & confuter les vituperateurs enuieux, de sorte que les vns se repentent d'auoir reprins, les autres s'esiouyssent d'auoir apprins. Car ceux qui admonnestent amiablement doiuent estre enseignez, & ceux qui poursuiuent haineusement doiuét estre deboutez. Or voy-ie qu'il s'est beaucoup escoulé de noz liures, lesqls en peu de téps nous auős cőposez en grád nombre, & est le parler diuers, en partie de ceux qui admirét d'où no⁹ est pris tát soudain ce desir de philosopher, ptie de ceux q̃ veulét sçauoir q̃ c'est q̃ no⁹ tenős de certain touchát chacune chose. I'ay cogneu aussi qu'il a semblé admirable à plusieurs, qu'il semble que principalemét nous approuuions celle partie

tie de Philosophie qui ostoit la lumiere, & espandoit comme vne obscure nuit aux choses, & que nous ayons entreprins la deffense, quand moins on y pensoit de la discipline deserte & ia long-temps abandonnee. Or quant à nous, nous n'auons point soudainement commencé de philosopher, ny en ce gére d'estude dés le commencement de nostre aage n'auons dependu peu de labeur, ny peu de soing & diligence: & quand moins nous le semblions, lors d'auantage philosophions nous: ce que declarent assez noz oraisons pleines des sentences des Philosophes, & les familiaires hantises & priuautez des hommes doctes, desquels nostre maison a tousiours esté florissante. mesmes de ces principaux & plus segnallez Diodore, Philon, Antioche, Possidoine, desquels nous auons esté instituez & enseignez. Et si toꝰ les preceptes de la Philosophie se rapportent à la vie, noꝰ estimōs q̃ tāt aux choses publiques q̃ priuees noꝰ auōs fait & accōply ce que la raisō & la doctrine noꝰ prescriuoit. Que si quelqu'vn s'enquiert quelle chose noꝰ a poussez de si tard escrire ces choses, il n'y a riē de quoy noꝰ noꝰ puissiōs acquiter plus aisément. Car cōme noꝰ languissiōs de loisir, & que l'estat de la Republicque estoit tel, qu'il estoit necessaire qu'elle fust gouuernee par le conseil & diligēce d'vn seul: en premier lieu i'ay pensé qu'en faueur de la Republicque il falloit déployer & manifester la Philosophie à noz hommes: estimant qu'il touchoit beaucoup à l'honneur & loüāge de la cité, q̃ choses si graues, & si excellentes fussent aussi contenues aux lettres Latines.

B iij

Et d'autant me repentay-ie moins de mon entreprise, comme ie m'apperçoy facilement combien i'ay incité & meu les estudes de plusieurs non seulement d'apprendre: mais aussi d'escrire, car il y en a plusieurs poliz & endoctrinez aux disciplines Grecqs, q̄ ne pouoiēt pas cōmuniq̄r auec leurs citoyēs pce q̄'ils auoient desfiāce q̄ ce qu'ils auoiēt appris des Grecs, ne se peust proprement dire en langage Romain. En quoy nous semblōs auoir tāt proffité, que nous n'auōs esté vaincus des Grecs non pas mesmes en abondance & richesse de paroles. A ce faire m'a d'abondant incité l'ennuy & fascherie d'esprit esmeuë d'vne grande & griefue iniure de fortune à laquelle si i'eusse peu trouuer quelque plus grand soulagement, ie ne me fusse pas retiré à celle-cy principalement. Or n'ay-ie peu iouyr d'icelle auecques meilleure raison qu'en m'addōnāt nō seulement à lire les liures: mais aussi à traitter à bon escient toute la Philosophie. Or sont toutes ses parties & tous ses membres cogneuz fort aisément lors qu'en escriuant toutes les questions sont desployees & mises en euidence. Car il y a vne admirable continuation & entresuitte de choses, de sorte que l'vne semble estre noüee à l'autre. Quant à ceux qui s'enquierent quelle opinion nous auons de chaque chose, ils font cela plus curieusement que il n'est de besoing. Car en disputant il ne faut pas tāt auoir esgard à l'importance de l'authorité comme de la raison. D'auantage bien souuent nuist à ceux qui veulent apprendre l'authorité de ceux qui font
profession

profeſſion d'enſeigner. Car ils ceſſent d'y appoſer leur iugement, & tiennent cela pour conſtant & aſſeuré qu'ils voyết auoir eſté iugé par celuy qu'ils approuuết. Et à la verité ie n'ay pas de couſtume d'approuuer ce que nous auons apprins touchant les Pythagoriens, leſquels on dit que s'ils affermoiết quelque choſe en diſputant, quand on leur demandoit pourquoy la choſe eſtoit ainſi, ils ſouloient reſpondre, iceluy l'a dit. Et ceſt iceluy eſtoit Pythagore. Tant l'opinion preiugee auoit de puiſſance, que meſmes ſans raiſon valloit l'authorité. Quant à ceux qui ſ'eſmerueillent que nous ayons principalement enſuiuy ceſte diſcipline, ie penſe leur auoir aſſez ſuffiſamment reſpondu aux quatre liures des queſtions Academiques. Mais nous n'auons point entreprins la deffence des choſes deſertes & abandonnees: car par la mort des hommes ne meurent pas auſſi leurs ſentences: mais parauanture elles deſirent la lumiere de l'autheur, comme en Philoſophie. Ceſte raiſon de diſcourir contre toutes choſes, & ne decider d'aucune choſe ouuertement, laquelle prouenuë de Socrate, repetee d'Archilas, confermee de Carneade, a eu cours & vigueur iuſques en noſtre aage, & laquelle i'entens eſtre auiourd'huy preſque toute venuë & delaiſſee en la meſme Grece. Ce que ie penſe eſtre arriué non par le vice de l'Academie: mais bien par la tardiueté des hommes. Car ſi c'eſt grand choſe de perceuoir chacune des diſciplines, combien plus les comprendre toutes? ce qui eſt de beſoin que

facent ceux-là, qui se sont proposez pour trouuer la verité de dire & contre tous, & pour tous les Philosophes. De laquelle chose si grande & si mal-aisee, ie ne me vante pas d'auoir atteint la perfection, mais ie passe pour bon de l'auoir ensuiuie. Toutesfois il ne se peut faire que ceux qui philosophét en ceste maniere, n'ayent rien de certain qu'ils puissent ensuiure. De cecy auõs nous parlé en autre endroit du tout pl͂' diligemment: mais d'autant qu'il sen trouue aucuns trop indociles & tardifs, il semble qu'ils ayét besoin d'estre plus souuent admõnestez. Car nous ne sommes pas ceux-là qui pensions qu'il n'y ait rien veritable: mais bié ceux qui disõs qu'à toutes choses vrayes aucunes fausses sont adiointes auecques si grãde ressemblãce, qu'en icelles n'y a aucune certaine marque de iuger & assentir. Dequoy sensuit aussi qu'il y a plusieurs choses probables, lesquelles bien qu'elles ne fussent point perçues, toutesfois par ce qu'elles auroient vne apparence insigne & illustre, par icelles la vie du sage seroit gouuernee & regie. Mais à fin que maintenant ie me deliure de toute enuie, ie mettray en auant les sentences des Philosophes touchant la nature des Dieux. Auquel lieu me semblent deuoir estre conuoquez & appellez tous ceux, qui peuuent iuger laquelle de toutes est veritable. Adõc finalement l'Academie me semblera bien obstinee & reuesche si tous consentent, ou qu'il sen trouue quelqu'vn qui ait rencontré ce qui est veritable. Partant il me plaist de m'escrier comme fait Stace
en la

DIEVX LIVRE I.

en la Comedie tiltree les Damoiseaux.

O Dieux! ie reclame, i'appelle, ie prie, ie requiers, ie pleure & impleure la foy de to⁹ les adolescés populaires. Nõ pour chose treslegere, cõe il se cõplait qu'é la cité il se cõmet des crimes capitaux. La putain ne veut poît receuoir argét de l'amãt amy. Mais à fin q̃ ils assistét, qu'ils cognoissent & prennẽt garde q̃ c'est qu'on doit estimer de la religion, pieté, sainteté, ceremonies, de la foy, du serment: quoy des temples, moutiers & sacrifices solennels, & quoy des auspices mesmes ausquels nous presidons. Car toutes telles choses se doiuent rapporter à ceste question des Dieux immortels. A la verité ceux-là mesmes qui estiment auoir quelque chose de certain sont contraints de douter pour veoir si grande dissention & debat entre personnes tres-doctes pour vne chose tres-grande. Ce que souuent autresfois, mais principalement i'apperceu lors que chez Cotta mon familier amy fut disputé, fort subtilement & diligemment de la nature des Dieux immortels. Car comme aux feries Latines ie fusse venu chez luy à sa priere & requeste, ie le trouuay assis en sa chaire à demy-cercle, & disputãt auec Caius Velleius Senateur, auquel d'entre noz hommes on donnoit pour lors le premier lieu en la secte d'Epicure. Y assistoit aussi Quintus Lucilius Balbus qui auoit fait tel progrez en la doctrine des Stoïques, qu'on le parangonnoit aux plus excellens Grecs en ceste discipline. Alors comme Cotta m'eut apperceu, vous venez dit-il fort

C

opportunement. Car il me fourd vn debat de chofe grande auec Velleius, auquel felon voftre eftude il n'eft point eftrange que vous affiftiez. Vrayement il me femble eftre venu comme tu dis fort opportune ment (luy dy-ie) car vous eftes conuenus trois Princes des trois difciplines : car fi Marc Pifo eftoit prefent, aucun lieu ne demeureroit vuide, de nulle Philofophie, pour le moins de celles qui font en quelque prix & honneur. Alors Cotta, fi dit-il, le liure de noftre amy Antioche qui d'iceluy a efté n'agueres enuoyé à ce Balb⁹, dit vray, il n'y a point d'occafiõ pourquoy tu doiues defirer ton familier Pifo. Car Antioche eft d'auis que quãt au fait, les Stoïques font d'accord auec les Peripatetiques, mais bien qu'ils eftriuent quant aux paroles. Duquel liure, ie defire fçauoir ô Balbus, quelle eft ton opinion. Moy, dit-il, ie m'efmerueille bien qu'Antioche qui eft hôme agu & des plus fubtils, ne f'eft apperceu qu'il y a grande difference entre les Stoïques qui feparent les chofes honneftes d'auec les vtiles, non de nom mais de tout le genre, & entre les Peripatetiques, qui meflent les chofes honneftes auec les vtiles, de forte qu'elles differeroient entre elles en grandeur, & comme par degrez, non feulement en genre. Car c'eft, non vn debat de paroles, mais vne tref-grande diffention de chofes. Mais de cela vne autresfois, maintenant, f'il vous femble bon parlons de ce que nous auons entamé. Quant à moy, dit Cotta, il me femble trefbon : mais à fin que ceftuy qui eft furuenu, me regardant,

gardant, n'ignore point de quelle chose il est question: nous traictions de la nature des Dieux, laquelle comme elle me semblast fort obscure, ainsi que tousiours elle a de coustume sembler, ie m'enquerois de Velleius quelle estoit l'opinion d'Epicure. Parquoy dit-il, ô Velleius, s'il ne vous est point ennuyeux repetez ce que vous auiez encommencé.

Velleius. Ie le repeteray donc, bien que cestuy vienne pour ayde non à moy, mais à toy. Car tous deux, dit-il en sous-riant, auez appris de Philon à ne rien sçauoir. Lors ie dy, Cotta verra ce que nous en auons apprins: mais quant à vous, ie ne veux pas que vous pesiez que ie sois venu pour adiuteur à cestuy-cy: mais bien pour auditeur, voire fort equitable d'vn iugemēt libre, qui ne suis astreint d'aucune telle necessité, q̃ vueille ou nō vueille, il me cōuienne deffēdre quelq̃ certaine opiniō. Alors Velleiꝰ de fort grāde asseurāce cōe ceux-cy ont accoustumé, ne craignāt riē tāt q̃ d'estre veu douter de q̃lque chose cōe si n'agueres il fust descēdu du Cōcile & assemblee des Dieux, & des herauts & courriers d'Epicure. Escoutez dit-il, non des sentēces vaines & controuuees, non le Dieu du Timee de Platon, ouurier & bastisseur du monde, ny la vieille deuine des Stoïques Pronee, qu'on peut Latinement nommer Prouidence: ny mesmes le mōde doüé d'ame & de sens. Dieu rōd, ardent, & volubile: qui sont prodiges & miracles nō de Philosophes discordās: mais de songeurs & resueurs.

C ij

Car de quels yeux de l'ame a peu veoir vostre Platon la fabricque d'vn si grand ouurage par laquelle il fait que le monde ait esté construit & edifié de Dieu? quelle entreprinse, quels ferremens, quels leuiers, quelles machines, quels ont esté les ministres & maçons d'vn si grand œuure : & comment ont peu obeyr & ceder à la volonté de l'Architecte l'air, le feu, l'eau, la terre? Mais d'où sont sorties ces cinq formes, desquelles toutes autres choses sont formees, tombantes proprement pour faire l'ame, & produire les sens? le chemin est long à toutes ces choses, qui sont bien telles, qu'elles semblent plustost estre desirees qu'inuentees. Mais vrayement celle là est digne de la Palme, que celuy qui non seulement a introduit le monde né : mais aussi presque fait à la main, l'a dit neantmoins estre sempiternel : pensez vous que cestuy ait gousté, comme on dit, seulement du bout des leures la Physiologie, c'est à dire la raison de nature, qui estime qu'aucune chose qui ait eu naissance puisse estre eternelle? car qui est la iointure & assemblage qui ne se puisse dissoudre? ou qu'est-ce qui ait quelque commencement, & qui n'ait point de fin? Quant à la Pronæe ou Prouidence elle est vostre, ô Lucile: mais ie requiers les mesmes choses qu'vn peu au parauant, à sçauoir ministres & ouuriers, machines & engins, & le dessein & l'appareil de tout l'ouurage. Que si elle est autre, pourquoy a elle fait le monde mortel, non sempiternel comme le Dieu de Platon? Mais ie demande à l'vn
& à

& à l'autre, pourquoy ont esté tant soudainement les edificateurs du monde, ayans dormy des siecles inombrables? Car les siecles ne cessoient pas d'estre, encores que le monde ne fust pas: i'appelle maintenāt siecles, non pas ceux qui par le nombre des iours & des nuits se font en courses annuelles: car ie confesse bien que ceux-là n'ont peu estre faits sans la cōuersion du monde. Mais il y a eu quelque eternité de temps infiny, qui n'estoit mesuree d'aucune circonscription de temps, toutesfois on peut entendre par espace qu'elle a esté ce qui mesmes ne tōbe point en la pensee qu'il y ait eu quelque temps lors qu'il n'estoit point de temps. Doncques en vn espace tant immense, ie demande Balbe, pourquoy vostre Pronoee estoit oyseuse, fuyoit elle le trauail? mais le trauail ne touche point Dieu, & n'y en auoit aucun quand toutes natures, le ciel, les feus, les terres, & les mers, obeyssoient à la Maiesté Diuine. Et qui auoit il pourquoy Dieu desirast d'orner le monde de signes & luminaires, comme vn mesnager & escheuin de ville? si c'estoit à fin que Dieu luy mesme habitast mieux, doncques auparauant en temps infiny il auoit habité en tenebres cōme en vn cachot ou moutonniere. Puis pensons nous qu'il se delecte de la varieté de laquelle nous voyons le ciel & les terres ornees & embellies? quelle peut estre ceste delectation en Dieu? que si elle estoit, il n'eust pas peu s'en passer si long temps: mais ces choses ont elles esté comme vous dites establies de Dieu pour le respect des hom mes? a ce esté pour les sages? pour bien peu donc vne si grande fabricque des choses a esté faite. A ce esté pour les fols? mais en premier lieu il n'y a point d'occasion pourquoy il ait voulu ny deu bié meriter des meschans? & puis qu'a il atteint, attendu que les fols sont sans doute tref-miserables, principalement par ce qu'ils sont fols? car que pouuons nous dire rien plus miserable que la folie? puis apres par ce qu'il y a tant d'incommoditez en la vie, que les sages les adoucissent par la recompense des commoditez: mais les fols ne peuuent ny les euiter venantes, ny les supporter presentes. Mais ceux qui ont dit le monde estre animant & sage, n'ont aucunement veu la nature de l'ame, entendans en quelle figure elle pouuoit tomber, dequoy certainement ie parleray bien, peu apres. Mais maintenant iusques icy i'admireray la tardité de ceux, qui veulent qu'il soit animant, immortel, & celuy bien-heureux & rõd, par ce que Platon nie qu'il se puisse trouuer vne forme plus belle. Quant à moy celle d'vn cylindre, d'vn quarré, d'vne pôme de pin ou pyramide me semble plus belle. Et quelle vie est attribuee à ce Dieu rond? à sçauoir qu'il soit tourné de telle vistesse, à laquelle nulle pareille ne puisse estre pourpensee. En quoy ie ne voy point ou l'entendement constant, & la vie bien-heureuse se puisse arrester. Et ce qui seroit fascheux en nostre corps, s'il en estoit touché en la moindre partie, pourquoy cela mesme ne sera-il fascheux en Dieu? car à la verité, puis que la terre est partie du monde, elle est

aussi

aussi partie de Dieu. Or voyons nº tresgrádes regiós de la terre desertes & inhabitables, par ce qu'vne partie d'icelles est arse de l'approchemẽt du Soleil, l'autre partie roidit de froid pour la neige & bruyne, à cause de la lõgue absence du Soleil. Que si le monde est Dieu, par ce qu'elles sont parties du mõde, il faut dire que les membres de Dieu sont en partie ardens, en partie refroidis. Voila qui est de vostre propre, Lucile, mais quelles sont les opinions des deuanciers, ie les repeteray dés le fin premier. Car Thales Milesien, qui le premier s'est enquis de telles choses, a dit que l'eau estoit commencement des choses, & que Dieu estoit celle pensee laquelle d'eau les engendroit toutes. Si les Dieux peuuent estre sans sens & sans entendement, pourquoy les a-il adioustez à l'eau, si l'entendement mesme peut consister priué de corps? Mais l'opinion d'Anaximandre est que les Dieux naissent, & qu'en tous interualles de temps ils sont naissans & mourans, & que ce sont des mondes inombrables.

Mais comme pouuons nous entendre Dieu sempiternel sinon sempiternel? Apres Anaximene a posé que l'air estoit Dieu, & qu'il s'engendre, & qu'il est immense & infiny, & tousiours en mouuement: comme si l'air sans aucune forme pouuoit estre Dieu, attendu qu'il est bien seant & cõuenable, principalement que Dieu soit doüé non seulemẽt de quelque forme, mais aussi d'vne tresbelle: ou comme si la mort ne poursuiuoit pas tout ce qui a eu

DE LA NATVRE DES

naiſſance. Depuis Anaxagore, qui print & receut la diſcipline d'Anaximene, a le premier voulu que la deſcription & le modelle de toutes choſes ſoit deſſeigné & fait par la force & raiſon de la penſee infinie. En quoy il ne s'eſt pas aduiſé que nul mouuement ioint au ſens & continuel ne peut eſtre en l'infiny, ny aucun ſens que ne ſentiſt la nature pouſſee. Puis s'il a voulu que ceſte penſee ſoit comme vn certain animal, il y aura quelque choſe d'interieur dont l'animal ſera denommé. Or qu'eſt-il rien plus interieur que la penſee? il eſt donc ceint d'vn corps eſtranger. Et d'autāt que cela n'eſt point plaiſant, la penſee ouuerte & ſimple ſans aucune choſe adiointe qui puiſſe ſentir, ſemble fuir la vertu & notion de noſtre intelligence. Mais Alcmeon de Crotonne qui a donné diuinité au Soleil, à la Lune, aux autres eſtoiles & à l'ame ne s'eſt point apperceu qu'à choſes mortelles il donnoit immortalité. Car Pythagore qui a iugé que l'ame eſtoit toute tenduë & penetrante, par la nature des choſes, d'où noz ames ſeroient empruntees, n'a point pris garde que par la diſtraction des ames humaines Dieu ſeroit deſchiré & mis en pieces, & par ce que les ames ſeroient miſerables, ce qui arriueroit à pluſieurs, vne partie de Dieu ſeroit auſſi miſerable, ce qui ne ſe peut faire. Et pourquoy l'ame humaine, ſi elle eſtoit Dieu, ignoreroit elle d'aucune choſe? comment eſt-ce encores que ce Dieu, ſi ce n'eſtoit rien que l'ame, ſeroit-il ou attaché, ou infus au monde? apres vint Xenophone qui la penſee

adiointe

DIEVX LIVRE I.

adiointe voulut en outre que tout ce qui est infiny fust Dieu : lequel quant à la pensee est tout ainsi repris comme les autres : mais de l'infinité beaucoup d'auantage, en laquelle rien de sentant, ny de côioint ne peut estre. Car Parmenide nous a controuué ie ne sçay quoy à la semblance d'vne couronne qu'il appelle Stephane, contenant d'vne ardeur de lumiere, le rond qui ceint le ciel, qu'il appelle Dieu en quoy nul ne peut soupçonner ny figure diuine, ny aucun sentiment : & nous a feint beaucoup de tels môstres, comme celuy qui rapporte la guerre, la discorde, la conuoitise & telles autres choses à Dieu, qui par maladie, ou sommeil, ou oubliance, ou vieillesse sont effacees, & dit le mesme des astres, ce que nous passerons icy soubs silence pour auoir esté repris en autre endroit. Mais Empedocle peschant en maintes autres choses, est vilainement tombé en l'opinion des Dieux. Car il veut que les quatre natures, dont il estime toutes choses côsister soient diuines, lesquelles il est manifeste qu'elles naissent & s'esteignent, & qu'elles sont priuees de tout sentiment. Et quant à Protagore qui nie du tout sçauoir ce qu'il est au vray des Dieux, s'ils sont, ou s'ils ne sont pas, ou quels ils sont, ne semble soupçonner aucune chose de la nature des Dieux. Quoy Democrite? qui met au nombre des Dieux tant les images que leurs circuits & reuolutions, mesmes celle nature qui respand & enuoye les images, & en outre nostre science & intelligence, n'est-il pas embrouillé en vn tres-grand er-

D

reur? & d'autant que luy mesme denie, par ce qu'il n'y a rien qui demeure tousiours en son estat, n'oste il pas Dieu de sorte qu'il ne laisse aucune opinion d'iceluy? que diray-ie de l'air duquel Diogene d'Apollonie se sert pour Dieu, quel sentiment peut-il auoir, ou quelle forme de Dieu? Ores seroit-il long à discourir de l'inconstance de Platon, qui au Timee denie qu'vne partie de ce monde puisse estre nommee, & aux liures des loix estime que il ne se faille point du tout enquerir que c'est que de Dieu. Quant à ce qu'il veut que Dieu soit sans aucun corps, & comme les Grecs disent ἀσώματον quel cela peut estre, on ne le peut entendre. Car il est necessaire qu'il soit priué de sentiment, qu'il soit priué de prudence, qu'il soit priué de plaisir, toutes lesquelles choses nous comprenons auecques la notion des Dieux. Il dit le mesme au Timee & aux Loix, & que le monde est Dieu, & le ciel, & les astres, & la terre, & les ames, & ceux que nous auons receus par les enseignemens des deuanciers lesquelles choses de soy-mesme sont fausses, & manifestement, & entre elles mesmes grandement repugnantes. Et Xenophon encores en moindres paroles tõbe presque en mesme erreur: car en ce qu'il rapporte des dits de Socrate, il fait discourir Socrate que la forme de Dieu ne se doit point rechercher, & luy fait mesme dire que le Soleil & l'ame est Dieu: & maintenant vn, puis apres plusieurs, lesquelles choses se trouuent presque en pareilles erreurs, que celles

DIEVX LIVRE I.

les que nous auons dites de Platon. Et mesmes Antisthene au liure qui est inscrit le Physicien, disant qu'il y a plusieurs Dieux populaires, & vn naturel, oste la vertu & la nature des Dieux. Non gueres autrement Speusipe suiuant comme à la trace son oncle Platon & disant qu'il y a vne certaine vertu, par laquelle toutes choses sont gouuernees, & qu'icelle est animale, s'efforce d'arracher des ames la cognoissance des Dieux. Aristote aussi au tiers liure de Philosophie, ameine beaucoup de troubles discordant de Platon son vnique maistre. Car maintenant il attribuë toute diuinité à la pensee, maintenant il dit que le monde mesme est Dieu, tantost il en constituë quelque autre sur le monde, & luy attribuë ces parties, que par certain reply il regisse & conserue le mouuement du monde : puis tantost il dit que l'ardeur du ciel est Dieu, n'entendant point que le ciel est vne partie du monde, qu'en autre endroit luy mesmes a designé pour Dieu. Et comment est-ce que ce diuin sentiment du ciel peut estre conserué en si grande celebrité, où puis apres seront tant de Dieux, si nous contons aussi le ciel pour Dieu? Or quád il veut que Dieu soit sans corps, il le priue de tout sentiment, & mesme de prudence. Et comment peut estre meu le monde estant priué de corps ? ou comment se mouuant tousiours peut-il estre reposé & bien-heureux? quant à son disciple Xenocrate, il n'est en cecy gueres plus prudent

D ij

DE LA NATVRE DES

aux liures duquel, qui sont de la nature des Dieux, n'est prescripte ny designee nulle diuine apparence. Car il dit qu'il y a huit Dieux, cinq de ceux qui sont nommez aux estoilles errantes: vn qui de tous les astres qui sont attachez au ciel, comme des membres dispersez, doit estre estimé simple Dieu: il adiouste le Soleil septiesme, l'huitiesme la Lune, lesquels on ne peut entendre en quel sens ils puissent estre bien-heureux. De la mesme eschole de Platon, Heraclide, Pótique a farcy ses liures de fables & contes d'enfant, & estime ores le monde, ores la pensee diuine, mesmes attribuë diuinité aux estoilles errantes, & priue Dieu de sentiment, & veut que sa forme soit muable, & au mesme liure met de rechef au nombre des Dieux le ciel & la terre. Et ne faut non plus endurer de l'inconstance de Theophraste: car tantost à la pensee il attribuë diuine principauté, tãtost au ciel, puis apres aux signes & estoilles celestes. Ny ne faut escouter son auditeur Straton, celuy qui est appellé le Physicien, qui estime que toute la vertu diuine est entee en nature, laquelle contienne les causes d'engendrer, d'augmenter, diminuer, & de changer: mais qui soit priuee de tout sentiment & figure. Quant à Zenon, à fin que ie vienne maintenant aux vostres, ô Balbe, il estime que la loy naturelle est vne vertu diuine, & qu'elle obtient ceste puissance de commander droittement, & deffendre le contraire. Laquelle loy cõment il la face animáte, nous ne le pouuons entendre. Or certainemẽt voulons

DIEVX LIVRE I.

lons nous que Dieu soit animant. Et cestuy mesme en vn autre endroit dit que l'Ether est Dieu, si on peut entendre vn Dieu ne sentant rien, qui iamais ne se presente à nous, ny en prieres, ny en desirs, ny en vœux. Mais en autres liures il estime qu'vne certaine raison espanduë par la nature de toutes choses soit comme diuine affectee. Luy mesme attribuë cela mesme aux astres, puis aux ans, aux mois, & aux mutations des ans. Et quand il interprete la Theogonie d'Hesiode, c'est à dire l'origine des Dieux, il oste du tout les cognoissances des Dieux vsagees, & perçues: car il ne met au nombre des Dieux ny Iupiter, ny Iunon, ny Vesta, ny quelconque autre qui soit ainsi nommé: ains monstre que ces noms ont esté attribuez à choses inanimees & muettes pour certaine signification. Du disciple duquel Ariston, l'aduis n'est pas en moindre erreur, qui ne pense point que la forme de Dieu se puisse entendre, & qui dit qu'il n'y a nul sentiment aux Dieux voire est du tout en doute si Dieu est animant ou non. Mais Cleanthe qui fut auditeur de Zenon auec celuy que i'ay nommé n'agueres, dit tantost que le monde mesme est Dieu, tantost attribuë ce nom à l'entendement & ame de toute la nature: puis apres estime que l'extreme & sublime ardeur, de toutes parts respanduë, & ceignant & embrassant tout, que nous appellons l'Ether, soit le Dieu tres-certain: & le mesme comme radotant aux liures qu'il a escrits contre la volupté, lors qu'il feint quelque forme & apparence des

D iij

DE LA NATVRE DES

Dieux, lors il attribuë toute diuinité aux astres, puis apres estime qu'il n'y a rien plus diuin que la raison. Par ainsi aduient que ce Dieu que nous cognoissons d'entendement, & que nous voulons poser en la notion de l'ame comme en l'auantportal, n'apparoisse du tout en aucun endroit. Mais Persee auditeur du mesme Zenon, dit que ceux-là ont esté tenus pour Dieux, desquels grande vtilité a esté inuentee pour la police & ornement de la vie, & que les choses vtiles & salutaires ont esté appellees des vocables des Dieux, de sorte que il ne disoit pas qu'elles fussent inuentions des Dieux, ains elles mesmes diuines. Et qu'est-il rien plus absurde, que d'honorer du tiltre des Dieux les choses vilaines & difformes, ou mettre au rang des Dieux les hommes ia par la mort consumez, desquels tout le seruice & adoration deuroit estre en pleinte & en pleur? Or quant à Chrysippe qui est tenu fort subtil interprete des songes Stoïques, il assemble vne grande tourbe de Dieux incogneuë, voire tellement incognus, que par coniecture mesme nous ne nous en pouuons pas informer, quoy que nostre entendement par cogitation semble pouuoir depeindre toute chose. Car il dit que la vertu diuine est posee en raison, & en l'ame & pensee de la nature vniuerselle: & dit que le monde mesme est Dieu, & l'vniuerselle infusion de son ame: puis la principauté d'icelle, qui consiste en la pensee & raison, & toute la nature commune des choses,

choses, & contenant tout : & puis l'ombre fatalle, & la necessité des choses futures.

En outre le feu, & celuy que deuant nous auons dit Ether, mesmes les choses qui fluënt & coulent par nature, comme l'Eau, & la Terre, & l'Air, le Soleil, la Lune, les Astres, & l'vniuersité des choses en laquelle tout est contenu, voire mesmes les hommes qui seroient paruenus à l'immortalité. Luy mesmes dispute que l'Ether est celuy que les hommes appellent Iupiter, & que l'Air qui se coule & insinuë par les mers, est Neptune, & celle estre la terre, qui est nommee Ceres.

Et par semblable raison il poursuit les vocables des autres Dieux. Luy mesme dit que la force de la Loy perpetuelle & eternelle, qui est comme la guide de la vie, & maistresse des deuoirs, c'est Iupiter, & appelle icelle mesme necessité fatale, sempiternelle, verité des choses futures: desquelles il n'y a rien tel qu'en iceluy apparoisse aucune vertu diuine.

Et voila qui est contenu au premier liure de la nature des Dieux. Quant au second il y veut approprier les fables d'Orphee, de Musee, d'Hesiode, & d'Homere à ce que luy mesme au premier liure auoit dit des Dieux immortels, de sorte que ces plus antiques Poëtes, qui n'ōt iamais soupçoné telles choses sēblēt neātmoins auoir esté Stoïques. Leq̄l suiuy de Diogene Babyloniē au liure qui est inscrit de Minerue, faisant passer à la physiologie, & raison

DE LA NATVRE DES

naturelle, l'enfantement de Iupiter, & la naissance de la vierge, il la separe de la fable. I'ay presque exposé non les iugemens des Philosophes, mais les songes des resueurs. Car plus absurdes ne sont gueres les contes, qui respandus aux voix des Poëtes ont nuy par leur propre douceur, lesquels ont introduit des Dieux & enflammez d'ire, & furieux de luxure, & ont fait que nous voyós leurs guerres, combats, batailles, & blessures: en outre leurs haines, differents, discordes, naissances, morts, complaintes, lamentations, plaisirs charnels, effrenez en toute intemperance, adulteres, prisons, liens, accouplemens auec le genre humain, & les mortels de l'immortel engendrez. Or auecques l'erreur des Poëtes on peut conioindre les monstres des Mages de Perse, & des Egyptiens la folie en mesme consideration mesmes les opinions du populace, qui par inconstance tresgrande consistent en l'ignorance de la verité. Et qui considerera comme inconsultement & à la volee cela se dit, deura venerer Epicure, & le tenir au rang de ceux là mesmes desquels il est icy question. Car luy seul premierement a cogneu qu'il y a des Dieux, d'autát que la nature mesme en auoit imprimee la notion aux ames de tous. Car qui est la gent, ou qui est le genre humain qui n'aye sans doctrine quelque informatió & impression des Dieux? qu'Epicure nomme πρόληψις, c'est à dire vne certaine information précogneuë en l'ame, sans laquelle rien ne peut estre entendu, ny recherché, ny disputé.

DIEVX LIVRE I. 13

sputé. De laquelle raison nous auons apprins la vertu & l'vtilité du liure celeste d'Epicure de la reigle & du iugement. Ce qui est donc le fondement de ceste question vous voyez qu'il est fort bien assis. Car puis que telle opinion n'est point establie, ny par aucune institution, ny loy, ny coustume, ains que le ferme consentement de tous iusques à vn en cecy demeure permanent, il est necessaire qu'on entende qu'il y a des Dieux, d'autant que nous en auons les cognoissances entees en nous, ou plustost ennees. Or cela, dont toute la nature est d'accord, ils est necessaire qu'il soit veritable, il faut donc confesser que il y a des Dieux. Ce que par ce qu'il est constát presque entre tous, non seulement Philosophes: mais indoctes aussi, confessons que cela est aussi constant & certain, qne nous auons soit vne anticipation) cóme i'ay dit) ou vne prenotion des Dieux. Car à nouuelles choses il faut imposer noms nouueaux, comme Epicure luy mesme a nommé πρόληψις, que nul auparauant n'auoit appellé de ce mot. Nous l'auons doncques à fin que nous estimions les Dieux bienheureux & immortels. Car la nature qui nous a dóné l'informatió des Dieux mesmes, icelle nous a graué aux entendemens que nous les tenions eternels & bienheureux. Que s'il est ainsi, ceste sentéce a vrayement esté exposee d'Epicure, que ce qui est eternel & bienheureux n'a de soy rien que faire, ny ne donne affaire à autruy. Pourtant il n'est esmeu, ny d'ire, ny de faueur, par ce que toutes choses qui sont telles

E

font imbecilles. Si nous ne cherchions rien autre chose sinon pour seruir & honorer religieusement les Dieux, & à fin que nous fussions deliurez de superstition, ce seroit bien assez dit. Car l'excellente nature des Dieux seroit honoree par la pieté des hómes d'autant qu'elle seroit eternelle & bien-heureuse: car tout ce qui excelle a vne iuste veneration : & de la force & ire des Dieux seroit au loin toute crainte chassee. Car on entend que l'ire & la faueur soit separee de la bien-heureuse & immortelle nature, lesquelles mises arriere, nulle peur ny crainte ne nous est imminente, de la part des superieurs. Mais pour confermer ceste opinion, l'ame recherche, & la forme, & la vie, & l'action de la pensee & l'agitation en Dieu. Et quant à la forme, la nature en partie nous en aduertit, en partie la raison la nous enseigne. Car tous nous tenons de nature l'espece de toutes gens, & ne tenons point que les Dieux en ayent aucune autre qu'humaine. Car quelle autre forme se presente iamais à quelqu'vn soit veillant ou dormant? mais à fin que nous ne rapportions toutes choses aux premieres notions, la raison mesme demonstre cela. Car d'autant que c'est vne nature tref-excellente ou par ce qu'elle est bien-heureuse, ou par ce qu'elle est sempiternelle, il semble bien conuenable qu'elle soit aussi trefbelle : or quelle composition de membres, quelle conformation de lineamens, quelle figure, quelle espece peut estre plus belle que l'humaine? Vous autres, Lucile, auez accoustumé (car mon

Cotta

Cotta tient maintenant cecy, maintenant cela) quád vous vous despeignez l'artifice & la fabricque diuine, de descrire & discourir cōbiē toutes choses sont p̄pres en la figure humaine, nō seulemēt pour l'vsage: mais aussi pour la grace & beauté. Que si la figure de l'homme surmōte la forme de tous les animans, & si Dieu est animant, certainement il est douē de la figure laquelle est la plus belle de toutes. Et par ce qu'il est certain que les Dieux sont tres-heureux & que nul ne peut estre bien-heureux sans vertu, ny la vertu consister sans raison, ny iamais la raison sans figure humaine, il faut cōfesser que les Dieux ont humaine espece. Toutefois ceste espece n'est pas corps, mais quasi corps, & n'a pas du sang, mais comme du sang. Bien que cela soit inuenté d'esprit plus aigu, & discouru d'Epicure d'vn parler plus subtil, que chacun le puisse cognoistre : toutesfois asseuré de vostre intelligence i'en traitteray plus brefuement que la cause ne le requiert.

 Epicure doncques qui n'a pas seulement veu de l'ame, les choses occultes & du tout cachees: mais aussi les traitte de sorte qu'il monstre auec la main, telle estre la vertu & nature des Dieux qu'en premier lieu elle est consideree non du sens, mais de la pensee: non par aucune solidité, ny par nombre, comme les choses que pour leur fermeté il appelle *Sterēnia*, aīs p images perceuz p resēblāce de passage, d'autāt q̄ vñe espece de sēblables images cōsiste d'indiuiduz inombrables, & affluë aux Dieux auec tres-grandes

E ij

DE LA NATVRE DES

voluptez: quand nostre pensee est tenduë, & nostre intelligence fichee en tels images, alors elle comprend qui est la nature bien-heureuse & eternelle.

Or la souueraine vertu de l'infinité est tres-digne de grande & diligente contemplation, en quoy il est besoing d'entendre ceste nature estre telle que toutes choses à toutes, & les pareilles respódent aux pareilles. Epicure l'appelle ἰσονομία, c'est à dire vne esgalle correspondance & rapport. Par icelle doncques s'ensuit s'il y a si grande multitude de mortels, qu'elle n'est pas moindre d'immortels, & si ceux qui tuënt sont inombrables, que ceux aussi qui conseruent doiuent estre infinis. Or auez vous accoustumé de nous demander, ô Balbe, quelle est la vie des Dieux, & quel est l'aage qu'ils meinent? telle certainement que rien n'est plus heureux, ny rien ne peut estre pourpensé plus comble de tous biens. Car elle ne fait rien, elle n'est enueloppee d'aucunes occupations, elle n'entreprent aucunes œuures, elle s'esiouit de sa sapience & vertu, elle tient pour certain qu'elle sera tousiours en tres-grandes voluptez & eternelles. Ce Dieu là dirons nous à bon droit bien-heureux, & le vostre tres-laborieux. Car soit que le móde soit Dieu qu'est-ce qui peut estre moins de repos, que sans entremettre aucun point de temps tournoyer enuiron l'aisseul du ciel d'vne vistesse admirable? or rien n'est bien-heureux qui n'est en repos: soit qu'au monde mesme il y ait quelque Dieu, qui regisse, qui gouuerne, qui conserue & entretienne

les

les cours des astres, les mutations des temps, les vicissitudes, & ordres des choses, contemplant les terres & les mers, deffende les commoditez & les vies des hommes: certainement il n'est point bien-heureux embrouillé en tant d'affaires ennuyeux & laborieux. Or assignons nous la vie bien-heureuse en la seureté de l'ame, & vacation de toutes charges. Car celuy qui nous a enseigné toutes les autres choses, nous a apprins aussi, que le monde est fait par nature, qu'il n'a point esté besoing de fabricque, & que ceste chose est si aisee, que vous deniez se pouuoir faire, sans industrie diuine, que la nature puisse faire, qu'elle face, & ait fait des mondes inombrables. Et pourtant que vous ne voyez pas comme la nature le puisse faire sans entendement, ainsi que les Poëtes tragicques quand vous ne pouuez expliquer l'yssuë de l'argument, vous auez recours à Dieu, duquel certainement vous ne desireriez point l'œuure, si vous contempliez en toutes les parties la grandeur des regions immense & infinie, en laquelle l'ame se fourrant & s'y estendant s'esgare au loing & au large, qu'elle n'apperçoit toutesfois aucune oree en plus outre, en laquelle elle se puisse arrester. En ceste immensité doncques de largeurs, longueurs, & hauteurs voltige vne vertu d'atomes inombrables, qui toutesfois par l'entreiet du vuide s'entretiennent ensemble, & les vnes accrochans les autres se côtinuent dequoy se font les formes & figures des choses, que vous pensez ne se pouuuoir faire sans soufflets & en-

E iij

DE LA NATVRE DES

clumes. Pourtant vous nous auez imposé sur les testes vn seigneur sempiternel pour en auoir crainte & les iours & les nuits. Car qui est-ce qui ne craindroit celuy qui preuoit & pense toutes choses, vn Dieu qui prend garde, & pense toutes choses appartenir à son gouuernement, curieux, & tousiours embesongné. De là vous est premierement yssuë ceste fatalle necessité, que vous appellez εἱμαρμένη, de sorte que tout ce qui arriue vous dites qu'il est decoulé de l'eternelle verité & continuation des causes. Mais ie vous prie combien se doit estimer ceste Philosophie, à laquelle toutes choses semblent estre faites par destinee ainsi qu'à des viellottes, voire mesmes indoctes & radotees?

S'ensuit vostre μαντικη, que nous disons en François diuination, par laquelle nous serions imbuez de si grande superstition, si nous voulions vous escouter, qu'il nous faudroit adorer les auspices, les augures, les arioles, les deuins, & ceux qui tirent coniecture de l'euenement des choses. De ces terreurs estans desliez par Epicure, & mis en liberté, nous ne craignons point ceux que nous entendons qui ne se forgent aucun ennuy, ny ne le cherchent pour autruy, ains pieteusement & saintement nous honorons vne nature excellente & premiere. Mais emporté d'vn desir ie doute que ie n'aye esté trop long. Or estoit-il malaisé de laisser vne chose si grande & si excellente encommencee, bien que ie n'aye pas tát

deu

deu auoir efgard à difcourir comme à efcouter.

Alors Cotta courtoifement felon fa couftume. En verité, dit-il, Velleius, fi tu n'euffes rien dit, tu n'euffes peu rien ouyr de moy. Car ie n'ay pas accouftumé de m'aduifer fi bien pourquoy quelque chofe eft vraye, comme pourquoy elle eft fauffe, & bien que cela me foit arriué fouuentesfois, fi m'eft il principalement aduenu vn peu deuant comme ie t'efcoutois.

Tu me demanderas quelle i'eftime eftre la nature des Dieux, parauanture que ie ne refpondray rien. Tu t'enquerras fi i'eftime qu'elle eft telle comme tu l'as n'aguieres expofee? ie te diray qu'il ne me femble rien moins: mais auant que ie vienne à ce que tu as difputé, ie diray de toy ce qu'il m'en femble. Car fouuentesfois i'ay ouy dire à Lucius Craffus ton familier que fans doute il te preferoit à tous ceux de longue robbe, & te comparoit bien peu d'Epicuriens de la Grece.

Mais par ce que i'entendois qu'il t'aymoit merueilleufement, ie me perfuadois qu'il en parloit plus aduantageufement pour l'amitié & bien-vueillance qu'il te portoit.

Mais quant à moy, encor' que ie face doute de loüer celuy qui eft prefent, toutesfois ie iuge que d'vne chofe obfcure & difficile tu as parlé clairement & non pas feulement en fentences copieufement, mais auffi en paroles beaucoup plus ornément que

DE LA NATVRE DES

n'ont accoustumé les voſtres. Quand i'eſtois en A-
thenes, i'oyois volontiers & ſouuentesfois Zenon,
que noſtre Philon ſouloit appeller le Coryphee des
Epicuriens, ce que ie faiſois par l'authorité de Philon
meſme, croy-ie pour iuger plus aiſément comme
tels diſcours ſe pouuoient bien refuter quand i'aurois apprins du Prince des Epicuriens, comment ils
eſtoient dits. Iceluy donc ne diſcouroit pas comme
pluſieurs, ains en la ſorte que tu fais diſtinctement,
grauement, ornément. Mais ce qui ſouuent m'eſt
arriué en ſon endroit, m'eſtoit aduenu n'aguieres
quand ie t'eſcoutois, à ſçauoir que i'eſtois faſché
qu'vn ſi bel eſprit (eſcoute moy ſans t'offenſer) fuſt
tombé en des opinions ſi legeres pour ne dire ſi ſot-
tes & ineptes. Non que i'apporte maintenant quelque choſe de meilleur. Car comme ie diſois n'agueres, preſque en toutes choſes, mais principalement
en celles de nature, ie dirois pluſtoſt que c'eſt que la
choſe n'eſt point, que ce qu'elle eſt. Tu me demanderas que c'eſt, ou quel eſt Dieu, i'vſeray de l'authorité de Simonide, auquel comme le tyran Hyeron
euſt demandé le meſme, il demanda vn iour de terme pour en deliberer, & comme le lendemain il
l'enquiſt encores ſur ce point, il demáda deux iours.
Et comme plus ſouuent il doublaſt le nombre des
iours, & Hyeron ſ'en eſbayſſant demandaſt pourquoy il le faiſoit. Par ce que d'autant que plus i'y
penſe, dit-il, d'autant la choſe me ſemble plus obſcu-
re. Mais ie penſe que Simonide (car il ne fut pas ſeulement

lemēt doux Poëte, mais au reste encor fut tenu pour docte & fort sage) d'autant que plusieurs cogitatiōs se presentoient à son entendement aiguës & subtiles, doutant laquelle estoit la plus veritable, auoit desesperé toute verité. Mais ton Epicure, car i'ayme mieux discourir auec luy qu'auec toy, que dit-il, qui non seulement soit digne de Philosophie: mais aussi de moyenne prudence? Premierement il s'enquiert en la question qui est de la nature des Dieux, à sçauoir-mon si les Dieux sont, ou s'ils ne sont point. Ie croy qu'il seroit malaisé de le denier si on le demandoit en l'assemblee, mais en ce pourparler & compagnie il est bien aisé. Moy doncques Pontife qui suis d'aduis qu'il faut tressaintement garder & retenir les ceremonies & religions publicques. Ie suis celuy qui desire que ce premier point, à sçauoir qu'il est des Dieux, me soit persuadé non seulemēt par opinion, ains aussi du tout à la verité. Car plusieurs doutes se presentent qui troublent, de sorte que quelquesfois il semble qu'il n'y en aye point. Mais pren garde cōme ie te veux traitter liberalement, ie ne toucheray point ce qui vous est commun auec les autres Philosophes (car presque tous veulent, & moy des premiers, qu'il y ayt des Dieux) pourtant ie ne debattray point pour ce point: toutesfois la raison que tu affermes ne me semble point assez ferme & vallable. Car tu as dit que c'est vn assez grand argument de ce qu'il le semble ainsi aux hommes de toutes nations, & de toutes sortes, & que cela vaut suffisamment

F

pour nous faire confesser qu'il y a des Dieux, ce qui est tant leger de soy, que mesmes il est faux. Certainement ie pense qu'il y a plusieurs gens tát Barbares & sauuages, qu'entre elles il n'y a aucune suspition des Dieux. Quoy? Diagore qui est dit Athee, & depuis Theodore, n'ont-ils pas ouuertement osté la nature des Dieux? car Protagore Abderite, duquel n'agueres tu faisois mention, qui en ce temps là fut vn tres-grand Sophiste, comme il eust apposé au commencement de son liure. Ie n'ay que dire si les Dieux font, ou s'ils ne sont pas: par le commandement des Atheniens fut forbanny de leur ville & territoire, & ses liures bruslez en l'assemblee publicque.

Dont à la verité ie pense que plusieurs deuindrent plus tardifs à faire profession de telle opinion, attendu que le seul doute n'auoit peu fuyr & euiter la peine.

Que dirons nous des sacrileges, quoy des impies & pariures? si Tubule, si iamais Lucie, si Lupus, ou Carbo, ou le fils de Neptune, comme dit Lucile, eust pensé qu'il y a des Dieux, eust-il esté tant pariure & tant impur? Donc ceste raison n'est pas si manifeste pour confermer ce que vous voulez, comme il vous pourroit sembler. Mais d'autát que c'est aussi l'argument des autres Philosophes, ie le laisseray pour le present, i'ayme mieux venir à ce qui vous est propre. I'acorde qu'il soit des Dieux, enseigne moy dóc d'où ils sont, où ils sont, quels ils sont en corps, en ame, en vie. Car cela desiray-ie de sçauoir. Tu abuses en toutes

tes choses du regne & de la licence des Atomes. De là
(comme on dit comunément) tu formes & fais tout
ce qui vient en terre. Lesquelles en premier lieu ne
sont point: car il n'y a rien qui soit vuide de corps. Et
tout lieu est enuironné de corps, ainsi rien ne peut e-
stre vuide, ny rien indiuidu. Maintenāt i'espan les o-
racles des Physiciēs, s'ils sont vrais ou faux ie ne sçay,
toutesfois ie pense qu'ils approchent plus pres de la
verité que les vostres. Car ce sont les malices de Democrite, ou bien encor' auparauant de Leucippe, que
il y a quelques petits corps legers, les vns aspres, les
autres ronds, & en partie anglez, aucuns pointus en
pyramide, autres courbez & presque crochus, que d'i
ceux le ciel & la terre ont esté faits, sans contrainte
d'aucune nature: mais par vne rencontre fortuite.
Tu as amené ceste opiniō iusques à cest aage, C. Velleius, & auant on te feroit tomber de tout estat de la
vie, que de ceste authorité. Car premierement tu as
iugé qu'il te falloit estre Epicurié, que tu n'as cogneu
ces choses. Par ainsi il a esté necessaire ou de conce-
uoir en l'ame telles meschancetez, ou perdre le nom
de la Philosophie receuë. Car q̄ merites tu pour cesser
d'estre Epicurié? rien, dis-tu, pour abandonner la raison de la vie bienheureuse, & la verité. Est-ce dōc icy
la verité? car quāt à la vie bien-heureuse ie n'en deba
point, laquelle tu n'estimes point estre en Dieu mesme, s'il ne lāguit en paresse & loisir. Mais où est la verité? en mondes inombrables, croy ie; à chaque petit
momēt de temps les vns naissans, les autres perissans,

F ij

DE LA NATVRE DES

ou bien en petits corps indiuiduz, qui font & forment des œuures si excellentes sans la conduite d'aucune nature, ny d'aucune raison. Mais m'oubliant de ceste mienne liberalité dont vn peu auparauant i'auois commencé d'vser auec toy, i'embrasse plusieurs choses, ie t'accorderay donc que toutes choses consistent d'indiuiduz, à quel propos cela? car on cherche la nature des Dieux. Et bien qu'ils consistént d'atomes, ils ne sont donc pas eternels. Car ce qui est d'atomes, il faut qu'il soit né quelquesfois. S'il est né, il n'y auoit point de Dieux auant qu'ils fussent nez. Et s'il y a naissance des Dieux, il est de besoing qu'il y ait vne fin aussi, comme vn peu auparauant tu disputois du monde de Platon. Où est donc vostre bié-heureux & eternel par lesquels deux mots vous signifiez Dieu? ce que quand vous voulez faire, vous tombez en des buissons. Car tu disois ainsi, qu'il n'y a point de corps en Dieu : mais comme vn corps, n'y point de sang : mais comme du sang. Vous faites cela souuent, à fin que quand vous dittes quelque chose non vray-semblable, & que vous voulez euiter la reprehension, vous apportiez quelque chose qui du tout ne se puisse faire, de sorte que il eust esté meilleur d'accorder ce dont il estoit question, que de resister tant impudemment. Ainsi que Epicure lequel voyant que si les atomes de leur propre poids estoient portez en lieu inferieur, il n'y auroit rien en nostre puissance par ce que leur mouuement seroit certain & necessaire, il s'est aduisé comment il

DIEVX LIVRE I. 19

ment il pourroit fuyr la necessité, ce qui estoit eschappé à Democrite. Il dit que l'atome estant tout droit tiré en bas par poids & grauité, decline quelque peu. Dire cela est chose plus vilaine que de ne pouuoir deffendre ce qu'il veut. Il fait le mesme côtre les Dialecticiens, lesquels par ce qu'ils ont dit que en toutes disiunctiues où il seroit mis ou il est, ou il n'est pas, l'vn ou l'autre seroit veritable, il a craint que si vne telle chose estoit concedee, ou Epicure viura demain, ou il ne viura pas, que l'vn ou l'autre ne se feist necessairement. Et a nié que tout cela sçauoir est ouy ou non, soit necessaire, que sçauroit on dire de plus grossier & de plus rebouché? Arcesilas pressoit Zenon, lors qu'il disoit que toutes choses estoient fausses qui se perceuoient par les sens. Et Zenon disoit qu'aucunes apparences sont fausses, non pas toutes. Epicure a eu peur que s'il y auoit vne apparence fausse, il n'y en eust aucune veritable, & a dit que tous les sens sont messagers de la verité. En quoy il n'a rien fait sinon accortement, car il receuoit vne plus griefue playe pour en repousser vne pl^9 legere. Le mesme fait-il en la nature des Dieux, quãd il euite l'assemblement des corps indiuiduz de peur que la mort & dissipation ne s'en ensuiue, il denie que les Dieux ayent vn corps, mais bien côme vn corps, ny du sang, mais comme du sang. C'est bien merueille que le deuin ne se prend à rire quand il voit vn autre deuin: mais c'est encores plus grande merueille que vous puissiez contenir le rire quand vous estes

F iij

DE LA NATVRE DES

entre vous, il n'eſt point corps: mais comme corps. I'entendrois quel cela peut eſtre ſ'il eſtoit imprimé en cire, ou en figures de potier. Mais en Dieu ie ne puis entendre, que c'eſt qui eſt comme corps, ou comme ſang ny toy-meſme Velleius, mais tu ne le veux pas confeſſer. Car vous recitez ces choſes comme ayans eſté dictees, leſquelles Epicure béant de pareſſe a cuidé voir ayant la barluë, bien qu'il ſe glorifiaſt, comme nous voyons en ſes eſcripts, qu'il n'auoit eu aucun maiſtre, ce que ie croirois facilement encores qu'il ne ſe vantaſt point, comme ie ferois le ſeigneur d'vn mauuais edifice ſ'il ſe glorifioit de n'auoir point eu d'Architecte. Car il ne ſent rien de l'Academie, rien du Lycee, ny rien meſmes des diſciplines qu'on apprend aux enfans. Il peut auoir ouy Xenocrate, quel perſonnage, Dieux immortels! & il y en a qui penſent qu'il l'ait ouy: mais il ne le veut pas confeſſer. Ie l'en croy plus que nul autre, il dit qu'il a ouy vn certain Pamphile auditeur de Platon, en la ville de Samos. Car il y habitoit adoleſcent auec ſon pere & ſes freres, pour ce que là ſon pere Neocles eſtoit venu chercher terroir. Mais d'autant que ſon petit champ ne ſuffiſoit à le nourrir, comme ie cuide, il fut maiſtre d'eſchole. Toutesfois Epicure contemne merueilleuſement ce Platonique, tant il craint qu'il ne ſemble auoir apprins quelque choſe, il eſt pris en Nauſiphanes de Democrite.

Lequel encores qu'il nie l'auoir ouy, ſi eſt-ce que il le

il le charge de toutes sortes d'iniures. Mais s'il n'auoit point ouy ces opinions Democritiques, qu'auoit-il doncques ouy? qu'est-ce qui est aux discours naturels d'Epicure, qui ne soit pris de Democrite? car bien qu'il ait mué quelques choses, comme ce que ie disois n'agueres de la declination des atomes, toutesfois il dit plusieurs mesmes choses, comme atomes, vuide, images, infinité de lieux, & inombrable nombre de mondes, leurs naissances & deffaillances, toutes choses presque ausquelles est contenuë la raison de nature: maintenant entens-tu bien que c'est que ce comme corps, & comme sang? car de ma part non seulement ie confesse que tu sçais cela mieux que moy: mais aussi aisément ie l'endure, puis qu'vne fois elles ont esté dittes.

Qu'est-ce que Velleius peut entendre que Cotta ne puisse? certainement i'enten bien que c'est que corps, que c'est que sang, mais ie n'enten aucunement que c'est que comme corps, & comme sang. Et si tu me celes rien comme Pythagore auoit accoustumé de celer aux estrangers, & de propos deliberé ne parles obscurement comme faisoit Heraclite, mais (ce qui soit permis de dire entre nous) tu ne l'entens pas toy-mesme. Ie voy que tu debas ce point, qu'il y a vne certaine espece de Dieux, qui n'a rien de concret, rien de solide, rien d'expres, rien de surparoissant, ains qui est pure, legere, claire & diafane. Nous dirons

DE LA NATVRE DES

donc le mesmes que de la Venus de l'Isle de Cò, ce n'est pas vn corps, mais semblable à corps, & ceste rougeur esparse & de blanc meslágee n'est pas sang, mais quelque ressemblance de sang. Ainsi au Dieu d'Epicure la chose n'est pas, ains les semblances des choses, fay que ce qui mesmes ne peut estre entendu me soit persuadé. Dy moy les lineaments & formes de ces Dieux ombragez, en cest endroit l'abondance de raisons ne te deffaut point, par lesquelles vous voulez enseigner que les formes des Dieux sont humaines. Premierement par ce qu'il est ainsi informé & imprimé en noz entendemens que quand l'homme pense de Dieu, se presente la figure humaine. Puis d'autant que la nature diuine est excellente sur toutes choses, la forme aussi en doit estre tresbelle, & qu'il n'y en a point de plus belle que l'humaine. Vous amenez la tierce raison, qu'en aucune autre figure ne peut estre le domicile de la pensee. En premier lieu, vous me semblez ne considerer point quelle est chaque chose. Car vous me semblez empoigner comme de vostre droit propre vne chose qui n'est aucunement probable. Qui fut iamais si aueuglé en la contemplation des choses qui n'ait veu que ces especes d'hommes ayent esté rapportees aux Dieux, ou par quelque conseil des sages, à fin que plus aisémét ils peussent conuertir les cueurs des hommes grossiers de la peruersité de la vie au seruice des Dieux, ou bien par superstition, à fin qu'il y eust des simulachres que ceux qui les reuereroient, creussent d'acceder

ceder aux Dieux mesmes. Or ces mesmes choses ont augmenté les Poëtes, les peintres, les artisans. Car il n'estoit pas bien aisé de cóseruer les Dieux faisans & entreprenans quelque chose en l'imitation d'autres formes. A quoy parauanture a esté adioustee ceste opiniõ, par ce que rien ne semble à l'homme plus beau que l'homme. Mais voila que tu dis naturellement. Ne vois-tu point combien la nature est flatteresse & attrayante, & comme maquerelle de soy-mesme? Penses-tu qu'il y ait ou en terre, ou en mer aucune beste qui ne se siouïsse grandement de la beste de son espece? que s'il n'estoit ainsi, pourquoy ne feroit feste le thoreau à l'attouchement de la iument, le cheual à celuy de la vache? penses-tu que l'aigle ou le lyon, ou le daulphin preferent aucune autre forme à la leur? quelle merueille est-ce donc si en la mesme sorte nature la prescrit à l'homme, d'autant qu'il n'estimoit rien plus beau que l'hõme, ce soit la cause pourquoy nous estimons les Dieux aux hommes semblables? qu'estimes-tu si la raison estoit aux bestes, penses-tu point que chacune n'attribuast beaucoup à celles de son genre? neátmoins en verité (car ie diray ce que ie pense) encores que ie m'aime moy-mesme, toutesfois ie n'oserois dire que ie sois plus beau que ce thoreau qui porta Europe. Car il n'est pas icy question de noz esprits ou oraisons, ains de l'espece & de la figure. Que si nous voulons feindre & ioindre les formes, tu ne voudrois pas estre tel qu'on depeint le marin Tri-

G

DE LA NATVRE DES
ton porté sur des bestes nageantes en corps humain coniointes, ie me pourmeine en lieu malaisé. Car il y a si grãde vertu de nature, que nul homme ne veut estre, sinon semblable à l'homme, voire la formy semblable à la formy. Mais toutesfois de quel homme? car entre combié s'en trouue il vn qui soit beau? Quand i'estois en Athenes, à peine s'en trouuoit vn ou deux des ieunes fils, non encores portans barbe. Ie voy bien pourquoy tu t'es pris à rire: mais toutesfois il est ainsi. Puis apres à nous qui par la permissiõ des antiques Philosophes nous delectons des adolescens, les vices mesmes sont quelquesfois ioyeux & plaisants. La tache en l'article de l'enfant delecte Alcee. Toutesfois la tache est vne macule du corps, & neantmoins cela luy sembloit vne lumiere. Q. Catule pere de cestuy nostre collegue & familier, aima ton citoyen Roscius, duquel mesme il feist ces vers:

Ie m'estois arresté saluant d'auanture
L'aube du iour du ciel à l'ouuerture
Quand soudain i'apperçoy deuers la gauche main
Que Roscius sortoit doux & inhumain:
Me soit permis de vous, Celestes, ainsi dire
Plus beau qu'vn Dieu mortel me sembla luire.

Qu'il luy sembla plus beau qu'vn Dieu? toutefois il estoit, comme il est encores auiourd'huy, garny de tresmauuais yeux. Mais que peut il chaloir si cela luy sembloit faux, & plaisant? ie retourne aux Dieux cõbien pensons nous qu'il y en aye de bicles & petulans d'vne marque apparente, combien qui ont tache, cõbien

DIEVX LIVRE I. 22

bien q̃ sont cam9, qui ont grãdes oreilles, large frõt, grosse teste, lesq̃lles choses se trouuẽt en no9? ou biẽ toutes choses sont elles en eux amẽdees & corrigees? que cela vous soit accordé. Ont ils aussi to9 vne mesme face? car s'ils en ont plusieurs, il est necessaire que l'vne soit plus belle que l'autre. Il y a donc quelque Dieu qui n'est pas tresbeau. Que s'ils ont tous vne mesme face, il est necessaire que l'Academie florisse au ciel. Car s'il n'y a point de differẽce entre vn Dieu, & vn Dieu: il n'y a chez les Dieux aucune cognoissance, ny aucune apperceuance. Que si cela aussi ô Velleius est du tout faux, à sçauoir que quand nous pensons de Dieu, nulle autre forme ne se presente à nous que celle de l'homme, toutesfois deffendras-tu choses tãt absurdes? s'il s'est rencõtré d'auanture, qu'à nous se soiẽt apparus Iupiter, Iunõ, Minerue, Neptune, Vulcan, Apollon, & les autres Dieux, nous les cognoissons à la face que veulẽt les peintres, & tailleurs & nõ seulemẽt à la face: mais aussi à l'ornemẽt, à l'aage, & au vestemẽt. Non pas dõc les Egyptiẽs, ny les Syriẽs, ny presq̃ toute la Barbarie? car tu verras qu'ils ont plus fermes opiniõs de certaines bestes, qu'elles ne sõt entre nous des tressaints teples & simulachres des Dieux. Toutesfois on n'a iamais ouy dire qu'vn crocodile, ou vn ibis, ou vn chat ait esté violé par vn Egyptien. Qu'estimes-tu donc du saint Apis le bœuf des Egyptiẽs? ne penses-tu pas q̃ des Egyptiẽs il soit estimé Dieu? certainemẽt aussi biẽ q̃ nostre seruatrice, que tu ne vois iamais, non pas mesmes en songe

G ij

DE LA NATVRE DES

sinon auec vne peau de cheure, vne hache d'armes, vn petit bouclier, & auec des larges patins? toutesfois Iunon Argienne ou Romaine n'est pas telle. Donc autre est l'espece de Iunon aux Argiues, autre aux Lanuuins, & encores autre à nous la forme de Iupiter Capitolin, autre aux Aphricains celle de Iupiter Hammon. Doncques vn Physicien, c'est à dire vn contemplateur & esuenteur de la nature, a-il point de honte d'emprunter le tesmoignage de verité des ames imbuees de la coustume? car en ceste maniere il sera loisible de dire Iupiter tousiours barbu, Appollon tousiours sans barbe, les yeux pers de Minerue, azurez ceux de Neptune. Et certainement nous loüons qu'en Athenes soit ce Vulcan que feist Alcamene, auquel estant debout & vestu apparoist vn peu le clochement non mal-seant ny difforme. Nous aurons doncques vn Dieu boiteux par ce que nous auons apprins que Vulcan est tel. Or sus nous faisons encor' que les Dieux ayent les noms desquels nous les appellons. Mais en premier lieu autant que les hommes ont de langues, autant y-a-il de noms de Dieux. Car ce n'est pas ainsi comme de toy Velleius, par tout où tu viendras, mesme ne sera pas Vulcan en Italie, mesme en Aphrique, mesme en Espagne. D'auantage le nombre des noms n'est pas grand non pas mesme en noz Pontifes, & celuy des Dieux est innombrable. Sont-ils donc sans noms? certainement il est de besoing que vous parliez ainsi. Car qu'importe-il puis qu'ils n'ont qu'vne face,
qu'ils

qu'ils ayent plusieurs noms? que c'estoit vne chose
belle, ô Velleius, de confesser pluftost que tu ne sçauois point ce que tu ne sçais point, que debagouler telles absurditez, & te desplaire à toy-mesme? penses-tu que Dieu soit semblable ou à toy, ou à moy? à la verité tu ne le penses pas.

Quoy doncques? diray-ie le Soleil, ou la Lune, ou le Ciel Dieu? doncques aussi bien-heureux, & de quelles voluptez iouyssant? & sage encores. Comment est-ce que la sapience peut estre en vn tel tróc? ces discours sont vostres. Si donc ny par vsage humain, ce que i'ay monstré ny par aucun autre tel, ce que tu as pour persuadé, que doutes-tu? tu n'oses nier qu'il n'y ait des Dieux, certainement c'est sagement fait, bien qu'en ce lieu tu ne craignes pas le peuple, ains les Dieux mesmes. Ie cognois des Epicuriens qui nombrent tous les seaux. Combien que ie voye qu'il semble à plusieurs qu'Epicure de peur de tomber en la disgrace des Atheniens a laissé de paroles les Dieux, mais de fait les a oftez: c'est pourquoy en ses sentences esleuës & briefues qu'en langage Grec vous appellez κυρίας δόξας, celle-cy comme ie pense est la premiere sentence. Ce qui est bien-heureux & immortel n'a que faire, ny ne donne affaire à aucun. En ceste sentence ainsi exposee, il y en a qui cuident qu'il ait fait cela du tout de fait à pensé, qu'il a fait par ignorance de parler. Ils estiment mal d'vn homme non gueres fin. Car on doute si cestuy-cy dit qu'il y ait quelque chose bienheu-

G iij

DE LA NATVRE DES
reuse & immortelle, ou s'il y en a quelqu'vne, si elle est immortelle. Car ils n'aduertissét point qu'en cest endroit il a parlé ambiguëment. Mais ie trouue en plusieurs autres lieux & que luy & Metrodore ont parlé aussi ouuertement, comme toy n'agueres. Toutesfois cestuy-là pense qu'il y aye des Dieux: & ne vy iamais personne qui craignist plus ce qu'il denie estre à craindre ie dy la mort, & les Dieux, desquels les hômes de moyêne côditiô ne sôt pas tât esmeuz ny estônez. Et iceluy crie que les entendemês de tous les mortels en sont espouuetez. Tant de milliers d'hômes brigádét, bié que la mort leur soit ppôsee: les autres pillét & desrobét autât qu'ils peuuét de temples. Ie croy ou que la peur de la mort espouuéte ceux-là, ou ceux cy celle de la religion. Mais pource que tu n'oses pas (car maintenât ie parleray auec Epicure mesme.) nier qu'il y ait des Dieux, qu'est-ce qui t'empesche de mettre en la nature des Dieux, ou le Soleil, ou le monde, ou quelque pensee sempiternelle? ie n'ay iamais veu, dit-il, vne ame participante de raison & conseil en aucune autre forme qu'humaine. Quóy? as-tu veu quelque chose semblable au Soleil, ou à la Lune, ou aux cinq estoilles errátes? Le Soleil definissant son mouuemét par les deux derhieres parties d'vn rond, acheue ses courses annuelles, & la Lune en l'espace d'vn mois allumee de ses rayons parfait & accomplit le mesme cours d'iceluy. Et les autres cinq estoilles tenásvne mesme fere, les vnes plus pres, les autres plus loin des mesmes
principes,

principes, en temps inegaux parcourent les mesmes espaces. As-tu iamais rien veu de tel, ô Epicure? que le Soleil ne soit donc point, ny la Lune, ny les estoilles, par ce que rien ne peut estre, sinô ce q̃ nous touchôs ou voyôs. Quoy? as-tu mesme veu Dieu? pourquoy crois tu dõc qu'il en est vn? Ostôs dõc toutes choses, où q̃ l'histoire ou la raison nous apporte, par ainsi aduiendra q̃ les Mediterreins croiront qu'il n'y a point de mer. Qui sont les tant estroits pourpris de l'ame, que si tu fusses né à Seriphe, & ne fusses iamais sorty de l'Isle, en laquelle tu aurois veu souuét des leurauts & des renardeaux, tu ne creusses point qu'il y eust des lyons ou des pantheres, lors qu'on te diroit quels ils sont? & toy Velleius, tu as fermé & conclud la sentéce de l'argumét, nõ à vostre mode, ains à celle des Dialecticiés, que vostre gent du tout ignore. Tu as posé q̃ les Dieux sont bienheureux, nous le cõcedõs: or nul ne peut estre biẽ-heureux sans vertu, cela accordõs nous encores, & volõtiers: & la vertu ne peut cõsister sans la raison: il est necessaire que cela cõuiene aussi. Tu y adioins, ny la raison ne peut estre sinon en la figure de l'hõme. Que pẽses tu qui t'accorde ce point? car s'il estoit ainsi, quel besoing estoit-il que par degrez tu y paruinses. Et ce qui est icy conduit par degrez, par ton propre droit tu l'aurois peu prendre pour confessé. Car ie voy bien que tu es venu par degrez de la beatitude à la vertu, de la vertu à la raison: mais de la raison à la figure humaine cõme y arriues tu? certainement c'est s'y precipiter, & non pas descendre. Et de vray ie n'enten point pourquoy

Cecy se doit lire comme par moquerie.

Epicure ait mieux aimé dire les Dieux semblables aux hommes, que les hommes aux Dieux. Tu demanderas quelle difference il y a : car si cecy est semblable à cela, ie voy que cela ressemble à cecy. Mais voila que ie dy: que non des hommes la forme de la figure est venuë aux Dieux, car les Dieux ont tousiours esté, & iamais ne sont nez, s'ils doiuent estre eternels: mais les hommes sont nez: doncques la forme humaine a esté auant les hommes de la mesme forme qu'estoient les Dieux immortels. Doncques la leur ne doit pas estre ditte forme humaine: mais la nostre diuine.

Mais bien quant à ce point soit ainsi que vous voudrez. Cela demanday-ie, quelle a esté la fortune si grande? car vous voulez que rien n'ait esté fait par raison en la nature des choses. Mais toutesfois qui est ce cas d'aduenture, d'où est preuenu vne si heureuse rencôtre d'atomes, que les hommes soient nez tout soudain à la forme des Dieux? Estimons nous que les semences des Dieux soient tombees du ciel en terre, & qu'ainsi les hommes ayent esté semblables à leurs parens? ie voudrois que vous le dissiez, ie recognoistrois de gré le parentage des Dieux: Vous ne dittes rien de tel, ains que par cas d'aduanture est aduenu que nous auons esté semblables aux Dieux.

Or maintenant il faut chercher des argumens par lesquels cela se puisse refuter. A la mienne volonté que ie peusse aussi aisément trouuer la verité, comme conme conuaincre le faux. Car tu as ennombré par memoire & copieusement (de sorte que i'auois plaisir d'admirer en vn homme Romain vne si grande sciéce) depuis Thales Milesien les opinions des Philosophes de la nature des Dieux. Tous ceux-là doncques te semblent ils radotter, qui ont determiné que Dieu peut consister sans mains & sans pieds? cela ne vous meut-il point encores considerans quelle est l'vtilité, quelle l'opportunité des membres en l'homme, à fin que vous iugiez que les Dieux n'ont que faire des membres humains? car qu'est-il besoin de pieds sans marcher? qu'est-il besoin de mains si on ne doit rien prendre? quoy du reste de la description de toutes les parties du corps, en laquelle il n'y a rien de vain, rien sans cause, ny rien superflu? & pourtant nul art ne peut imiter l'industrie & subtilité de nature. Dieu donc aura vne langue, & ne parlera point? des dents, vn palais, vn gosier pour nul vsage? & ce que la nature a pour la generation attaché au corps, Dieu pour neant aura cela? ie ne parle point plustost des membres de dehors que de ceux de dedans. Le cueur, les poulmons, le foye & les autres intestins quelle beauté ont-ils si l'vtilité en est ostee? car vous voulez que ils soient en Dieu à cause de la beauté. Est-il possible que non seulement Epicure, & Metrodore, & Hermaque se confians en tels songes ayent osé discourir contre Pythagore, Platon, & Empedocle: mais aussi que la petite putain Leontium ait bien osé escrire à l'encontre de Theophraste? ce qu'elle a fait cer-

H

tainement en langage poly & bien attique. Mais toutesfois vous auez accoustumé de vous enquerir pourquoy le iardin d'Epicure a eu tant de licence. Zenon estriuoit. Que diray-ie d'Albut? car il n'y a rien plus elegant, ny plus humain que Phedre. Toutesfois le vieillard se courrouçoit, si ie disois quelque chose de plus aspre, combien qu'Epicure ait impudemmét chargé d'iniures l'Aristote: ait vilainement mesdit de Phedon Socratique, & en tous ses volumes ait trenché par morceaux Timocrate frere de son compagnon Metrodore, par ce qu'il discordoit d'auec luy en quelque point en la Philosophie, & qu'il ait esté ingrat enuers Democrite mesme lequel il a ensuiuy. Voire ait tant mal receu Nausiphane son maistre, duquel il n'auoit rien appris. Certainement Zenon attachoit de mesdits non seulement ceux qui estoient lors, Appollodore, Sylle, & les autres: mais aussi, vsant d'vn mot Latin, appelloit Socrate, le pere de Philosophie, Bouffon, & ne nōmoit iamais Chrysippe sinon Cisippe. Toy mesmes n'agueres quand tu recitois comme le parlement des Philosophes, tu disois que ces grands personnages radottoient, affoloient, estoient insensez, desquels si nul n'a veu la verité de la nature des Dieux, il est à craindre qu'il n'y en ait point du tout. Car ce que vous dites sont toutes choses côtrouuees à peine dignes des contes que font au soir les vieilles. Car vous ne sentez point cōbien de choses il vous faut receuoir si vous impetrez que nous accordōs que ce soit vne mesme figure des

hommes

hommes & des Dieux: il faudra dõner à Dieu tout le seruice, soin & accoustremét du corps, q̃ nous dõnõs à l'hõme, le marcher, le courir, le coucher, l'inclinatiõ, l'assiette, la cõprehẽsiõ, & en fin le parler mesme & l'oraison. Car en ce q̃ voꝰ dites les Dieux masles & femelles, vous voyez qu'il s'en ensuit. Certainemét ie ne puis assez m'esmerueiller d'où cestuy vostre prince est venu à telles opiniõs. Mais vous ne cessez point de crier qu'il faut retenir ce point, que Dieu est bien heureux & immortel. Et qu'est-ce qui empesche que il soit bien-heureux, encor' qu'il n'ait pas deux pieds? mais ceste felicité, beatitude ou bien-heureté (l'vn & l'autre mot est dur: mais il nous faut amollir les paroles par vsage) celle là dy-ie quelcõque elle soit, pourquoy ne peut elle tõber au Soleil, ou en ce mõde, ou en quelque pensee eternelle priuee de figure & des mẽbres du corps? tu ne respons autre chose, sinon, ie n'ay iamais veu le Soleil, ou le monde bien-heureux. Quoy? as-tu iamais veu q̃lque autre mõde q̃ cestuy-cy? tu me diras que nõ. Pourquoi dõc as tu osé dire q̃ il y a non six cés mille: mais des mõdes innõbrables? la raison l'a enseigné. Donc la raison ne t'enseignera elle point, puis qu'on cherche vne nature tres-excellente, & icelle bien-heureuse & eternelle, lesquelles choses appartiẽnét à la seule nature diuine, que tout ainsi que d'icelle nature nous sommes vaincuꝰ en immortalité, nous soyons aussi vaincus en excellence d'ame, & comme de l'ame ainsi du corps? Pourquoy dõcques puis que noꝰ leur sommes inferieurs en autres choses, leur sommes nous pareils en figure?

H ij

car la vertu humaine approchoit plus pres de Dieu par ressemblance, que non pas la figure. Se peut-il rien dire si puerile (à fin que plus long temps ie presse ce lieu) que de dire que ces sortes de bestes qui sõt engendrees en la mer rouge, ou en l'Indie, ne sont point? toutesfois les plus curieux hommes en recherchant ne peuuent ouyr parler de tant de choses comme il y en a beaucoup qui se trouuent en la terre, en la mer, aux palus, aux riuieres, lesquelles nous denierons estre par ce que nous ne les auons iamais veuës. Mais la mesme ressemblance qui vous delecte tant, ô comme elle n'appartient en rien à la chose? que diray-ie du chien, n'est-il pas ressemblant au loup? & comme a dit Ennius que nous ressemble bien le singe laide beste ! mais les mœurs sont differentes en l'vn & en l'autre. Entre les bestes nulle n'est plus prudente que l'elephant, mais qui est la figure plus grande & plus enorme? ie parle des bestes, quoy entre les hommes mesmes ? ne se trouuent pas les mœurs differentes en formes tressemblables, & la figure aux mœurs dissemblable? car ô Velleius, si vne fois nous receuons ceste sorte d'argument, prés garde où il rampe. Car tu prenois pour constant que la raison ne peut estre sinon en la figure humaine vn autre prendra, sinon en la terrestre, sinon en celuy qui est né, sinon en celuy qui est paruenu en adolescence, sinon en celuy qui a appris, sinon en celuy qui consiste d'ame & de corps caduque & infirme, finablement sinon en l'homme, & iceluy mortel.

Que si

Que si en toutes ces choses tu resistes, pourquoy est ce que la seule forme te trouble? car toutes les choses adioustees que i'ay proposees, tu voyois la raison & l'entendement estre en l'homme, lesquelles en estant ostees tu dis neantmoins que tu recognois Dieu, pourueu que les lineamens demeurent. Cela n'est pas considerer: mais parler à l'auanture. Sinon parauanture que tu ne prens pas garde mesmes à ce point, que non seulement en l'homme, mais aussi en l'arbre tout ce qui est superflu ou qui n'a point d'apparance, nuist. Que c'est vne chose ennuyeuse d'auoir vn doigt plus qu'il ne faut? pourquoy cela? par ce que les cinq ne requierent ny l'espece, ny autre vsage. Mais ton Dieu ne redonde pas seulement d'vn doigt, mais du chef, du col, de la nuque, des costez, du ventre, du dos, des iarets, des mains, des cuisses, des iambes. Si pour estre immortel, qu'appartiénent ces membres à la vie? quoy la face mesme? ceux là plus, le cerueau, le cueur, les poulmons, le foye. Car ce sont les domiciles de la vie. Certainemét l'habitude de la face n'appartient en rien à la fermeté de la vie. Et toutesfois tu vituperois ceux-là: qui des œuures magnifiques & excellentes, comme ils eussent veu le monde, & ses membres, le ciel, les terres, les mers, auec leurs enseignes & armoiries, le Soleil, la Lune, les estoilles, & comme ils eussent cogneu les maturitez des saisons, les changemens, & vicissitudes, auoiét soupçonné qu'il y auoit vne nature excellente & premiere, qui auoit fait ces choses, les

H iij

DE LA NATVRE DES

mouuoit, regiſſoit, & gouuernoit. Leſquels encores qu'ils ſe fouruoyent de la coniecture, toutesfois ie voy ce qu'ils enſuiuent. Mais toy quel grād & excellent œuure as tu en fin, qui ſemble eſtre fait par la diuine penſee, par lequel tu ſoupçonnes qu'il y a des Dieux? i'auois, dis-tu, entee en l'ame quelque information de Dieu, & de Iupiter barbu, de Minerue enheaumee. Penſes-tu donc qu'ils ſoient tels? ô combien le vulgaire iuge mieux de ces choſes leſquels n'attribuant pas ſeulement les membres de l'homme à Dieu: mais auſſi l'vſage des membres. Car ils leur donnent l'arc, les ſagettes, la hache, le bouclier, le trident, la foudre. Et bien qu'ils ne voyent pas quelles ſont les actiōs de Dieu, toutesfois ils ne peuuent penſer vn Dieu ne faiſant rien. Les Egyptiens meſmes deſquels on ſe mocque, n'ont conſacré aucune beſte, ſinon pour quelque vtilité qu'ils en prenoiēt. Cōme les oiſeaux nommez Ibis, tuënt vne treſgrande puiſſance de ſerpés, par ce qu'ils ſont hauts, ayans les iambes roides, le bec de corne & lōg, ils deſtournēt la peſte d'Egypte lors qu'ils tuënt & cōſumēt les ſerpés volās apportez du deſert de Libye par le vent Aphricain. Dont il aduient que viuans ils ne nuiſent en morſure, ny mortes en odeur. Ie puis parler de l'vtilité des ichneumons, des crocodiles, des chats: mais ie ne veux pas eſtre plus lōg. Si fermeray ie toutefois ce pas en ceſte ſorte, que les beſtes ont eſté cōſacrees des Barbares pour quelque benefice: mais non ſeulemēt il ne reſte aucū benefice de voz Dieux: mais auſſi onc

si onc n'en fut fait aucun. Il n'a que faire, dit-il. Certainement Epicure à la mode des enfans délicats n'estime rien meilleur que l'oisiueté : toutesfois les enfans mesmes, lors qu'ils sont de loisir, se delectent de quelque exercice & passetéps. Et nous voulós que Dieu chommant soit tellement engourdy d'oisiueté que s'il se meut nous ayons peur qu'il ne puisse estre bien-heureux? ceste oraison ne despouille pas seulement les Dieux de mouuement & d'action diuine: mais d'abondant rend les hommes paresseux & lasches. S'il est ainsi qu'en faisant quelque chose Dieu luy mesme ne puisse estre bien-heureux. Mais bien soit ainsi comme vous voulez, Dieu l'effigie de l'homme & son image, quel est son domicile? quel siege? quel lieu? en fin quelle action de la vie? par lesquelles choses (comme vous voulez) il est bien-heureux? car il faut que celuy vse & iouysse de ses biens qui doit estre bien-heureux. Car le lieu mesmes aux natures qui sont inanimees est à chacune propre designé, comme que la terre tienne le plus bas, que l'eau l'inonde, l'Ether soit superieur, & la plus haute contree soit assignee aux feuz. Et des bestes les aucunes sont terrestres, les autres aquatiles, les autres participantes des deux, que les Grecs nomment Amphibies, viuans en l'vn & l'autre element. Il y en a encor' aucunes qu'ó estime naistre dans le feu, & qui souuent apparoissent volantes aux ardantes fournaises. Ie demáde donc en premier lieu où c'est que vostre Dieu habite. Puis quelle cause c'est qui le meut de lieu, s'il eſt ainſi qu'il ſe meuue quelquesfois. Finablement par ce que c'eſt le propre des animans, qu'ils appetent quelque choſe qui ſoit accommodee à la nature, que c'eſt que Dieu appete, & en fin à quelle choſe il ſe ſert du mouuement de la penſee & raiſon. En ſomme comme il eſt bien-heureux, comme il eſt eternel. Car quelque point qu'il touche de ceux-cy c'eſt vne playe, par ainſi la raiſon mal fondee ne peut trouuer d'yſſuë. Car tu diſois ainſi que l'eſpece de Dieu eſtoit apperceuë par cogitation non par ſens, & qu'en icelle il n'y auoit aucune ſolidité, & qu'elle ne demeuroit pas meſme en nombre, & que telle eſtoit ſa viſion qu'elle eſt veuë par ſemblance & tranſition, & que iamais ne deffaut la rencontre de corps infiniz ſemblables, dôt aduient que noſtre penſee tenduë en ces choſes l'eſtime vne bien-heureuſe & ſempiternelle nature. Ie te prie par les meſmes Dieux deſquels nous parlons en ſomme quelle eſt ceſte choſe? car s'ils vallent ſeulement à la cognoiſſance, & n'ont aucune ſolidité ny eminence, que peut-il chaloir ſi nous penſons d'vn Hyppocentaure, ou de Dieu? car les autres Philoſophes appellent vain mouuement toute telle confirmation d'eſprit, & vous l'appellez vn aduenement aux ames, & vne entree d'images. Comme doncques quand il me ſemble veoir Tite Graque haranguant au Capitole portant la feille de M. Octaue, alors ie dy que ce mouuement d'eſprit eſt vain, & toy tu dis que les images & de Graque & d'Octaue, demeurent,

meurent, lesquelles estans paruenuës au Capitole se rapportent à mon esprit, que le mesme est fait en Dieu, de la soudaine face duquel les ames sont poussees, parquoy elles sont entenduës estre bienheureuses & eternelles. Fay que ce soient images desquelles les ames soient poussees, il se presente seulement vne certaine apparēce: mais se presente-il aussi pourquoy elle est bien-heureuse, & pourquoy eternelle? & quelles sont ces images vostres, ou d'où est-ce que Democrite a du tout prins ceste licence? mais iceluy a esté reprins de plusieurs, & vous n'y trouuerez point d'yssuë, & toute la chose branle & cloche. Car qu'est-ce qui peut estre moins approuué que de dire que les images de tous tombent en moy, d'Homere, d'Archiloc, de Romule, de Nume, de Pythagore, de Platon, & non de la forme qu'ils ont euë? comment donc sont ce iceux, & de qui sont les images? Aristote monstre que iamais ne fut le Poëte Orfee, & les Pythagoriens disent que ce carme Orfique est d'vn certain cordonnier. Toutesfois Orfee, c'est à dire son image, comme vous voulez, me tombe souuent en la pensee. Mais que diray-ie de ce que d'vn mesme homme autres images me tombent en la fantasie, & autres en la tienne? & quoy des choses qui ne furent iamais, ny n'ont peu estre, comme de Scylle, comme de la chimere? quoy des hommes, des lieux, des villes lesquelles nous ne vismes iamais? quoy de ce qu'aussi tost qu'il me plaist l'image est presente? quoy de ce que reclamees elles viennent

I

mesme au dormant? tout cela Velleius ne sont que
bourdes: mais vous autres non seulement vous insinuez les images aux yeux, ains encores és esprits, tát
est grande la licence de babiller impunimeat, mais
combien licentieusement se fait souuét la transition
des visions fluantes, de sorte que de plusieurs en apparoist vne? certainement i'aurois honte de dire, &
n'entendre point, & vous mesmes qui deffendez telles choses en auriez honte si vous les entendiez. Car
comme prouues tu que les images soient portees
continuëmét? ou si continuëment, comme sont elles eternelles? le nombre innombrable des atomes,
dit-il, y fournit. Cecy doncques fera-il que toutes
choses soient sempiternelles? tu as recours à vn certain esgaugement: car appellõs ainsi, si bõ vous semble, ce qu'ils disent isonomie. Et tu dis que par ce que
il y a vne nature mortelle, qu'il est de besoing qu'il y
en ait aussi vne immortelle. Par ainsi d'autant qu'il y
a des hommes mortels, qu'il faut qu'il y ait des immortels, & par ce qu'il en naist en la terre, qu'il en
naisse aussi en l'eau, & d'autant qu'il y en a qui tuënt,
qu'il y en ait qui cõseruét. Et bien qu'il y en ait: mais
qu'ils conseruent celles qui sont. Ie ne sens point que
ces Dieux soiét, neãtmoins cõment est-ce que toute
ceste apparence de choses naist de corps diuins. Lesquels encores qu'ils fussent, qui ne sont rié, parauãture ils se pourroiét pousser & agiter entr'eux par récõtre: mais ils ne pourroiét former, figurer, colorer, animer. Dõc en aucune maniere vous ne ferez q̃ Dieu
soit

soit immortel. Voyós maintenāt fil eſt biē heureux, certes ſans vertu il ne le peut eſtre aucunemēt. Or eſt la vertu actiue, & voſtre Dieu ne fait rien, il eſt donc denué de vertu, par ainſi n'eſt il bien-heureux. Quelle eſt donc ſa vie? vn fourniſſement de biens, dis-tu, ſans qu'aucuns maux entreuiennent. De quels biens en ſomme? de voluptez, croy-ie, comme celles qui appartiennent au corps. Car vous n'en cognoiſſez point d'autre ſinon celle qui procede du corps, & celle volupté de l'ame qui retourne au corps. Ie ne penſe pas Velleius que tu ſois ſemblable aux autres Epicuriens, leſquels n'ont point de honte des meſmes voix d'Epicure, par leſquelles il teſmoigne qu'il n'entend aucun bien qui ſoit ſeparé des voluptez delicates & vilaines, leſquelles eshonté il pourſuit toutes par leurs noms. Quelle viande dōcques ou quels breuuages, ou quelle varieté de voix, ou de fleurs, ou quels touchemens, quelles odeurs attribuëras tu aux Dieux, pour les parfumer de voluptez? mais les Poëtes ſe fourniſſent aux banquets de Nectar & d'Ambroſie & introduiſent ou la ieuneſſe, ou Ganimede qui preſente la coupe à boire.

Mais toy Epicure que feras-tu? car ie ne voy point d'où ton Dieu puiſſe prendre telles choſes, ny comme il en puiſſe vſer. Doncques la nature des hommes eſt plus riche pour viure heureuſement que celle des Dieux, d'autant qu'elle iouyt de plus de ſortes de voluptez. Mais tu eſtimes ces voluptez legeres par leſquelles ſe fait aux ſens vn certain chatouillement

I ij

car ce mot est propre d'Epicure. Iusques à quand te mocqueras-tu ? car aussi nostre Philon ne pouuoit permettre que les Epicuriés reiettassent les voluptez molles, & delicates. Car d'vne souueraine memoire il prononçoit plusieurs sentences d'Epicure des mesmes mots dont elles estoiét escrittes. Mais il recitoit beaucoup de choses plus impudentes de Metrodore, qui est le compagnon de sapience d'Epicure. Car Metrodore accuse son frere Timocrate, d'autant que il fait doute de mesurer au ventre toutes choses qui appartiennent à la vie bien-heureuse, ce qu'il ne dit pas vne seule fois: mais plusieurs. Ie voy que tu consens: car telles choses te sont cogneuës. Ie produirois les liures si tu le mescognoissois. Et ie ne repren pas maintenant que toutes choses se rapportent à la volupté, c'est vne autre question: mais ie monstre que voz Dieux sont priuez de volupté, par ainsi selon vostre iugement mesme ils ne sont pas bien-heureux. Mais ils sont priuez de douleur. Est-ce assez pour ceste vie tres-heureuse abondante en tous biens? il pense, disent-ils, continuellement qu'il est bien-heureux, car il n'a rien autre chose qu'il tourne en sa pensee. Comprens donc en ton ame, & te propose deuant les yeux vn Dieu qui ne pése autre chose en toute eternité, sinon il me va bien, & ie suis bien-heureux. Toutesfois ie ne voy point comme ce Dieu bien-heureux n'a crainte de mourir, quand sans aucune intermission il est poussé & agité de la sempiternelle rencontre des atomes, & que de luy les images

ges decoulent tousiours: par ainsi vostre Dieu n'est ny bien-heureux, ny eternel. Mais Epicure mesme a escrit des liures à l'encontre des Dieux de saincteté, & de pieté. Mais comme parle-il en ces liures? de sorte que tu dirois que tu oyois Coruncan & Sceuole tres-grands Pontifes, non celuy qui auroit osté de fons en comble toute religion, & qui non de main, comme Xerxes, ains de raisons auroit renuersé les temples & autels des Dieux immortels. Car qui a-il pourquoy tu dies les Dieux deuoir estre honorez des hômes, attédu que les Dieux nõ seulemét n'honorét les hômes, mais n'en ont du tout aucun soin, & ne font rien? toutesfois leur nature est excellente & exquise, de maniere que de soy-mesme elle doit attirer le sage à l'honorer & seruir. Peut il y auoir quelque chose d'excellent en celle nature qui s'esiouyssant en sa volupté ne doit iamais rien faire, ne fait, ny ne feist oncques? & quelle pieté est deuë à celuy, duquel tu n'as rien receu? ou quelle chose en tout peut estre deuë à celuy qui n'a point de merite? car la pieté est vne iustice enuers les Dieux. Auec lesquels quel droit pouuõs nous auoir veu que l'homme n'a point de communauté auec Dieu.

Or la saincteté est la science d'honorer les Dieux. Lesquels ie n'enten point pourquoy ils doiuent estre honorez si d'eux on n'a receu, n'y n'espere on aucun bien. Et qui a-il pourquoy nous venerons les Dieux pour l'admiration de ceste nature, en laquelle nous ne voyons rien d'excellent? car il est bien aisé d'estre

I iij

DE LA NATVRE DES

deliurez de superstition, dont vous auez accoustumé de vous glorifier, quand vous aurez osté toute puissance des Dieux. Si d'auanture tu ne penses que Diagore ou Theodore, lesquels du tout nyoient les Dieux, ayent peu estre superstitieux. Quant à moy ie n'estime pas que Protagore seulement l'ait esté, lequel n'a voulu ny l'vn ny l'autre, n'y qu'il y eust des Dieux, n'y qu'il n'y en eust point. Car les opinions de tous ceux-cy n'ostent pas seulement la superstition, en laquelle est vne vaine crainte des Dieux: mais aussi la religion, qui est contenuë au pur seruice des Dieux. Qu'estimes-tu de ceux qui ont dit que toute l'opinion des Dieux immortels auoit esté feinte des hommes sages à cause de la Republicque, à fin que ceux que la raison ne pouuoit, la religion les conduist à leur deuoir, n'ont-ils pas osté de fons en comble toute religion? quoy Prodicus Chius qui a dit que ce qui proffitoit à la vie des hommes, a esté tenu au nombre des Dieux, quelle religion a-il en fin laissee? quoy de ceux qui disent que ou les forts, ou les nobles, ou les vaillás hommes apres leur mort sont paruenuz aux Dieux, & que ce sont ceux que nous auons accoustumé d'honorer, de prier, de venerer, ne sont-ils pas priuez de toutes religions? laquelle raison a esté principalement traittee par Euhemere que nostre Ennius par dessus les autres a interpreté & suiuy. Or d'Euhemere sont demonstrees, & les morts, & les sepultures des Dieux. A sçauoir mon doncques si cestuy-cy semble auoir confermé
la re-

la religion, ou l'auoir du tout arrachee? ie laisse-là.

La sainte & Auguste Eleusine
Où mainte nation infine
Des fins du monde, apprend sa loy.
Et ses commencemens de foy.

Ie laisse la Samothrace, & ces cachez mysteres qui s'honorent à l'entree de la nuit en l'Isle de Lemnos dans les espais halliers des forests, lesquels desployez & rapportez à la raison, est plus cogneuë en la nature des choses, que celle des Dieux. Quant à moy, Democrite mesme grand personnage entre les premiers, des fontaines duquel Epicure a ondoyé & arrousé ses iardins, me semble chanceler en la nature des Dieux. Car ores il estime que les images douees de diuinité sont en l'vniuersité des choses, ores il dit que les principes & pensees qui sont au mesme vniuers sont Dieux : ores que ce sont les animans images, qui ont accoustumé de nous profiter, ou de nous nuire : ores que ce sont certaines images enormes, & si grandes qu'elles embrassent le monde vniuers. Toutes lesquelles choses sont plus dignes du pays de Democrite, que de Democrite mesmes. Car qui est celuy qui puisse de l'esprit comprendre ces images? qui les admirer? qui les iuger dignes, ou de seruice ou de religion? mais Epicure a de fons en comble arraché la religion des ames des hommes, quand il a osté aux Dieux immortels & l'aide, & la grace.

DE LA NATVRE DES
Car comme ainſi ſoit qu'il die que la nature de Dieu eſt treſ-bonne & treſ-excellente, le meſme denie qu'il y ait grace en Dieu, en quoy il oſte ce qui eſt principalement propre à vne nature treſ-bonne & treſ-excellente. Car quel eſt-il rien meilleur, ou quoy plus excellent que la bonté & beneficence? de laquelle quand il veut que Dieu ſoit priué, vous ne voulez qu'à Dieu, ny Dieu, ny homme ſoit cher, nul n'eſtre aimé de luy, nul chery ny bien-voulu. Par ainſi aduient que non ſeulement les hommes ſont meſpriſez des Dieux, mais auſſi que les Dieux meſmes ſont entr'eux contemnez les vns des autres. Combien mieux les Stoïques eſtiment, qui ſont reprins de vous? car ils iugent que les ſages ſont amis aux ſages voire meſmes incogneus. Car il n'eſt rien plus aimable que vertu, que qui l'aura conquiſe, quelque part du monde qu'il puiſſe eſtre ſera de nous aimé.

Mais vous quel mal apportez vous quand vous poſez imbecilité, gratification, & bien-vueillance? car à fin que ie laiſſe la puiſſance & nature des Dieux: vous ne penſez pas meſmes que les hommes fils n'eſtoient imbecilles, fuſſent bien-faiſans & benings. Il n'y a donc aucune amitié naturelle entre les bons? le mot meſme d'amour eſt cher duquel eſt dit le mot d'amitié; laquelle ſi nous rapportons à noſtre fruit, non aux proffits de celuy que nous

nous aimons, ce ne sera pas vne amitié : mais vne certaine traffique des propres vtilitez. Les prez, les champs, & les troupeaux de bestes sont aimez en ceste maniere, parce qu'on apperçoit les fruits: mais la charité & amitié des hommes est gratuite. Combien donc plus l'est celle des Dieux, qui n'ont besoin d'aucune chose, & qui s'aiment entr'eux, & proffitét aux hommes? que s'il n'est ainsi, pourquoy faisons nous reuerence, pourquoy prions nous les Dieux? pourquoy president les Pontifes aux sacrifices, pourquoy les augures aux auspices? que desirons nous des Dieux immortels, que leur vouõs nous? mais il y a vn liure d'Epicure, qui porte tiltre de la saincteté. Nous sommes mocquez par vn homme non tant plaisant, comme libre à vne licence d'escrire. Car quelle saincteté y peut-il auoir, si les Dieux n'ont aucũ soĩ des choses humaines? & q̃ est la nature animee qui n'ait soin de rien? cela est dõc pl⁹ veritable que le familier de to⁹ nous. Possidoine a discouru au cinqiesme liure de la nature des Dieux, à sçauoir q̃'il a semblé à Epicure qu'il n'y auoit point des Dieux, & q̃ ce qu'il a dit des Dieux immortels, il l'a dit pour detester & chasser l'enuie. Car il n'eust pas esté si mal aduisé, q̃ de feindre Dieu semblable à vn petit bout d'homme seulemét aux lineamẽts de dehors, nõ d'habitude solide, doüé de tous les membres de l'homme, non pas du plus petit vsage des membres, ains flouet & trans-parent, ne donnant rien à nul, ne gratiffiant aucunement, n'ayant nul soucy de rien, ny ne

K.

DE LA NATVRE DES

faisant rien. Laquelle nature en premier lieu ne peut estre, ce que voyant Epicure oste de fait les Dieux & les laisse de parole. En apres si Dieu mesmement est tel, qu'il ne soit esmeu de nulle grace, ny d'aucune charité des hommes, qu'il s'en aille. Car pourquoy luy diray-ie qu'il soit propice? car il ne peut estre propice à aucun, par ce que, comme vous dites, toute grace & charité gist en imbecillité.

FIN DV PREMIER LIVRE DE LA NATVRE DES DIEVX.

LE SECOND LIVRE
DE LA NATVRE DES DIEVX, A M. BRVTE.

ESQVELLES CHOSES comme Cotta euſt diſcouruës, lors Velleius. Certainement, dit-il, ie ſuis mal aduiſé qui me ſuis efforcé d'aſſaillir vn Academicien voire meſme Orateur. Car ie n'euſſe point redouté vn Academicien non facond, ny ſans ceſte Philoſophie aucun Orateur tant eloquent euſt-il peu eſtre. Car ie ne me trouble pas d'vn fleuue de paroles vaines, ny de la ſubtilité des ſentences, s'il y a ſiccité d'oraiſon. Or quant à toy Cotta, tu as valu & en l'vn & en l'autre, la couronne & les iuges t'ont deſſailly: mais de cecy vne autre fois. Oyós maintenant Lucile ſi c'eſt ſa commodité. Alors Balbus, i'aimerois mieux, dit-il, ouyr Cotta luy meſme, pourueu que de la meſme eloquence, qu'il a oſté les

K ij

DE LA NATVRE DES
faux Dieux, il introduise les veritables. Car c'est le fait & d'vn Philosophe, & d'vn Pontife, & de Cotta d'auoir non vne opinion errante & vagabonde des Dieux immortels, comme les Academiques: mais comme les nostres vne stable & certaine science: car contre Epicure assez & plus a esté discouru: mais i'ay grand desir d'ouyr, ô Cotta, que c'est que tu en pêses toy-mesme. Comment, dit-il, as-tu mis en oubly ce que i'ay dit dés le commencemét, que de telles choses principalement ie pourrois plus facilement dire ce que ie n'en sentirois point, que ce que i'ē sentirois? & quád bien i'aurois quelque chose de certain, toutesfois i'aimerois mieux t'ouyr à ta fois, attendu que i'ay tant discouru. Alors Balbus. Ie t'obeiray dŏc, dit il, & seray le plus bref qu'il me sera possible. Car estás les erreurs d'Epicure cŏuaincuës, vne longue oraison est retranchee de ma dispute. Les nostres diuisent entierement toute ceste question des Dieux immortels en quatre parties. Premierement ils monstrent qu'il est des Dieux, puis quels ils sont, apres que le monde est d'eux administré, finablemét qu'ils pouruoyét aux choses humaines. Quant à nous en ce discours nous prendrons les deux premiers points, le tiers & le quart par ce qu'ils sont de plus grande importance, ie pense qu'il les faut differer en vn autre temps. Rien moins, dit Cotta, car & nous sommes de loisir, & traittons de choses qui doiuent estre preferees aux affaires mesmes. Adonc Lucile, la premiere partie dit-il, ne semble pas auoir besoing d'oraison. Car
que

que peut il estre tāt manifeste, & tāt clair quād nous auons remiré le ciel & contemplé les corps celestes que d'estimer qu'il y a quelque diuinité d'vne pensee tref-excelléte, par laquelle telles choses sont regies & gouuernees? que s'il n'estoit ainsi comment est-ce qu'Ennius eust peu dire du consentement de tous.

Remire & voy ce blanc & haut Ether.
Que tout chacun reclame Iupiter.

Or on le reclame & Iupiter, & dominateur des choses, & gouuernant tout d'vn seul clin d'œil, & comme dit le mesme Ennius.

Le pere vray des hommes & des Dieux
Le Dieu puissant & present en tous lieux.

Duquel qui douteroit certainemēt ie n'entē point pourquoy le mesme puisse douter s'il est vn Soleil, ou s'il n'en est point. Car qui a il rien de plus euident? laquelle chose si nous ne l'auions cogneuë & comprise en noz ames, l'opinion n'en demeureroit pas si stable, ny ne seroit par le long tēps confermee, & n'eust peu enuieillir auec les siecles & les aages des hōmes. Car nous voyōs q̄ les autres opiniōs feintes & vaines sont peries p la lōgueur du tēps. Car qui pēse qu'il ait esté vn Hippocētaure, ou vne chimere? ou q̄ lle vieille tāt sotte se peut trouuer, qui redoute aucūs de ces mōstres q iadis furēt creus estre aux enfers? car le tēps effacé les opiniōs cōtrouuees, & cōferme les iugemēs de nature. C'est pourquoy en nostre peuple, le seruice des religiōs des Dieux & la sainteté sont de iour en iour pl⁹ grādes & meilleures, ce qui auiēt nō à la volee,

K iij

DE LA NATVRE DES

ny par cas d'auanture: mais par ce que les Dieux declarent souuent leur presence, comme aupres de Regille en la guerre des Latins, lors qu'Aule Posthume le Dictateur combattoit en camp Tusculan auec Octaue Mamilie, en nostre camp Castor & Pollux furent veuz côbattre à cheual: & de plus fresche memoire les mesmes Tyndarides annôcerét q̃ Perses estoit vaincu. Car Publie Vatiene ayeul de cest adolescent, comme s'en reuenant de la prefecture Reatine à Rome, deux ieunes hommes auecques cheuaux blancs luy eussent dit, que le Roy Perses auoit ce iour esté pris, il l'annonça au Senat. Et premierement comme s'il eust parlé de la Republicque à la volee, il fut mis en prison. Depuis lettres apportees de Paul comme le mesme iour eust esté trouué veritable, le Senat luy donna vne mestairie & vacation. Et mesmes comme les Locrois en vn tresgrand combat eussent deffait les Crotoniates pres du fleuue Sagra, on a laissé par memoire que ce mesme iour ceste bataille fut recitee aux ieux Olympiés. On a souuent ouy les voix des Faunes, souuent on a veu les formes des Dieux, qui ont contraint de confesser chacun non hebeté, ny Athee, que les Dieux estoiét presens. Et quant aux predictions & presages des choses futures, que declarent-elles autre chose sinon aux hommes estre manifesté, monstré, portendu, & predit cela qui est, dont ils sont dits ostentes, monstres, portentes & prodiges? que si nous pensons telles choses feintes par la licence des fables

Mopsus,

DIEVX LIVRE II. 36

Mopsus, Tyresias, Amphiaras, Calchante, Helenin, lesquels augures: toutesfois les fables mesmes n'eussent pas amenez, s'ils repudioient du tout la chose, ne prouuerons nous pas la Maiesté des Dieux, estans instruits mesmes des exemples domestiques? nous esmouuera en rien la temerité de Publie Claude en la premiere guerre Punique? lequel mesme par ieu se mocquant des Dieux, comme les poullets tirez de la cage ne mangeoient point, il commanda que on les plongeast en l'eau à fin qu'ils beussent, par ce qu'ils ne vouloient manger, laquelle risee sa flotte vaincuë luy apporta beaucoup de larmes, & vne grande deffaitte au peuple Romain. Quoy? Iunius son collegue en la mesme guerre, ne perdit-il pas sa flotte de nauires par la tempeste, pour ce qu'il n'auoit pas obey aux auspices? pourtant Claude fut condamné du peuple, & Iunius se donna la mort.
Celie escrit que Caie Flamin mesprisant la religion tomba pres du lac Trasimene auecques vne grande playe du peuple Romain. Par la ruine desquels on peut entendre que par leurs commandemens la Republicque a esté amplifiee, par ce qu'ils auoient obey aux religions. Et si nous voulons comparer noz exemples auec les estrangers, aux autres choses nous serons trouuez ou pareils, ou mesmes inferieurs: mais en religion, c'est à dire au seruice des Dieux beaucoup superieurs. Doit on contemner le baston augural d'Accius Nauius duquel il terminoit les regions du vignoble pour chercher le pour-

DE LA NATVRE DES

ccau. Ie le croirois si par son augure le Roy Hostilius n'eust mis à fin de grandes guerres. Mais par la negligence de la noblesse la discipline de l'augure a esté omise, la verité des auspices a esté mesprisee, l'apparence tant seulement a esté retenuë. Pour ceste cause tref-grandes parties de la Republicque, en icelles les guerres ausquelles le salut de la Republicque est contenu sont administrees sans aucuns auspices, nulles perennelles ne sont sauuees, nulles des subtilitez, nuls hommes sont appellez, parquoy tout sur le champ sont peris les testamens. Car alors noz Capitaines commencent à faire les guerres, quand ils ont mis les auspices. Mais entre noz deuanciers la force de la religion a esté si grande, que mesmes quelques Empereurs auec certaines paroles la teste voilee se sont deuoüez aux Dieux immortels pour le bien de la Republicque. Ie pourrois ramenteuoir plusieurs exemples des propheties des Sibylles, & plusieurs encores des responces des Aruspices, par lesquels est confermé ce qui d'aucun ne peut estre rappellé en doute.

Et toutesfois le fait mesmes a prouué la discipline de noz augures, & des hetrusques, & aruspices, du temps que Publie Scipion, & C. Figulus estoient Consuls, lesquels comme Titus Gracchus Consul les recreoit de rechef, le premier des appellez comme il les eut annoncez au mesme lieu mourut incōtinent. Et comme neantmoins Gracchus eust tenu les comices & conseil publicque, & eust apperceu que cela venoit en religion au peuple, il en aduertit le Senat,

DIEVX LIVRE II. 37

le Senat, & le Senat fut d'aduis qu'il en falloit aduertir ceux qu'il auoit accoustumé. Les Aruspices introduits respõdirent qu'il n'auoit pas esté bõ demãdeur de comices. Alors Gracchus, comme i'oyois dire, à mon pere, embrasé d'ire, quoy donc dit-il ne suis-ie point iuste, qui les ay demandees & Consul, & Augur, & auec auspices? doncques vous autres Thoscás Barbares tenez vous le droit des auspices du peuple Romain, & pouuez vous estre interpretes des comices? pourtant il commanda qu'ils eussent à sortir, & depuis de la prouince il enuoya lettres au college contenantes que lors qu'il lisoit les liures il s'estoit souuenu que par mesgarde le tabernacle luy auoit esté prins aux iardins de Scipion, lequel estant depuis entré au pourpris de derriere les murailles pour tenir le Senat, en reuenant, comme il passoit par le mesme pourpris, il s'estoit oublié d'vser d'auspices. Adoncques par vice auoient esté creez les Consuls. Les Augures rapporterent le fait au Senat, le Senat ordonna qu'ils deposassent les Consuls, ils les deposerent. Quels plus grands exemples cherchons nous? ce personnage tressage, & ie ne sçay si ie doy point dire le plus excellent de tous, aima mieux confesser son peché, qui pouuoit estre teu & celé, que de veoir en la Republicque la religion demourer en doute. Et les Consuls aimerent mieux incontinent deposer le souuerain commandement, que de le tenir vn seul point de temps contre la religion. Grande est l'authorité des Augures, quoy l'art

L

des auspices? n'est-elle pas diuine? qui verra tels innombrables exemples d'vne mesme sorte, ne sera-il pas contraint de confesser qu'il est des Dieux? car ceux qui ont des interpretes certes il est de besoing qu'ils soient eux mesmes. Or y a il des interpretes des Dieux, confessons doncques qu'il y a des Dieux aussi. Mais parauanture toutes choses n'aduiennent pas qui sont predites, aussi ne garissent pas tous les malades, s'ensuit-il pour cela que l'art de medecine soit nul? les signes des choses futures sont demonstrez des Dieux. En iceux si aucuns ont erré, ce n'a pas esté la nature des Dieux: mais la coniecture des hommes qui a peché.

Pourtāt entre tous de toutes natiōs, ce point sommaire, est constant & resolu. Car il est enné en tous & comme engraué en leur ame qu'il est des Dieux. Quels ils sont l'opinion en est diuerse, qu'ils ne soiēt nul ne le nie. Certes nostre Cleanthe pour quatre causes a dit qu'aux ames des hōmes sont informees les notions des Dieux. Il a mis la premiere celle dont n'agueres i'ay parlé, laquelle prendroit son origine du presentimēt des choses futures. L'autre que nous prendrions de la grandeur des commoditez qui se perçoiuent du temperament du ciel, fecundité des terres, & de l'abondance de plusieurs autres commoditez.

La tierce est empruntee de celle qui estonne les cueurs auec foudres, tempestes, pluyes, neiges, gresles, degast, pestilence, tremblement de terre, & souuent

uent par fremiſſemens, pierres plouuantes, & gouttes de pluyes comme ſanglantes: puis de flambeaux de viſions celeſtes, puis de ces eſtoilles que les Grecs nomment Comettes, & que les noſtres appellent crinuës, qui n'agueres durant la guerre Octauienne, ont eſté les meſſageres de grandes calamitez: tantoſt par vn double Soleil, ce qui aduint, comme i'ouy dire à mon pere, lors que Tuditan & Aquilius eſtoient Conſuls, en laquelle annee Publie l'Affricain vn autre Soleil fut eſteint, dequoy les hommes eſtonnez ſoupçonnerent qu'il y auoit quelque vertu celeſte & diuine.

La quatrieſme cauſe qui eſt la plus grande, eſt l'equabilité du mouuement, la conuerſion du ciel, la diſtinction du Soleil, de la Lune, & des autres eſtoilles leur vtilité, leur beauté, leur ordre, deſquelles choſes le regard demonſtre aſſez qu'elles ne ſont pas à l'aduanture.

Comme ſi quelqu'vn eſtant venu en vne maiſon, ou en vne eſchole, ou en vn parquet, comme il verroit de toutes choſes la raiſon, la mode, la diſcipline, il ne pourroit iuger que cela ſe feiſt ſans cauſe, ains entendroit qu'il y a quelqu'vn qui preſide, & auquel on obeiſt: beaucoup plus doncques en ſi grāds mouuemés, en ſi grādes viciſſitudes, aux ordres de tant & ſi grandes choſes, auſquelles iamais l'immenſe & infinie antiquité n'a menty, il eſt bien fort neceſſaire qu'il arreſte en ſoy que ſi grands

L ij

DE LA NATVRE DES

mouuemens de nature sont gouuernez par quelque entendement. Certainement Chrysippe encores que il soit d'vn tressubtil esprit, toutesfois il dit des choses qu'il semble qu'il aye apprises de la mesme nature, non que de luy il les ait inuentees. Car si dit-il, il y a quelque chose en la nature que l'entendement de l'homme, que la raison, que la vertu, que la puissance humaine ne puisse faire, certainement ce qui fait cela est meilleur que l'homme. Or les choses celestes, & toutes celles dont l'ordre est sempiternel, ne peuuent estre faites de l'homme. Cela donc dont elles sont faittes est meilleur que l'homme, or que direz vous que ce puisse estre plustost que Dieu? que si tu auois veu vne grande & belle maison, tu ne pourrois estre amené à ce point de croire, encores que tu n'en veisses point le seigneur, qu'elle ait esté edifiee pour les souris, & pour les bellettes. Et vn si grand ornement du monde, vne si grande varieté & beauté des choses celestes, vne telle vertu & grandeur de la mer & des terres, si tu péses que ce soit ton domicile, & non pas celuy des Dieux immortels, ne sembleras-tu pas du tout auoir perdu le sens? quoy n'entendons nous point que toutes les choses hautes sont les meilleures? & que la terre est infinie, qui enuironne l'air plus espois, tellement que pour la mesme cause, ce que mesmes nous voyons arriuer à quelques regions & villes, que les esprits des hommes sont plus rebouchez à cause d'vne nature de ciel plus pleine, que le mesme ne soit arriué au genre humain

DIEVX LIVRE II.

main qu'en la terre, c'est à dire en la plus grossiere region du mõde ayent esté logez des hommes & toutesfois par la subtilité & accortesse des hommes nous deuons estimer qu'il y a quelque pensee, & icelle encores plus subtile & diuine. Car d'où est-ce que l'homme l'a prise? ainsi que dit en Xenophon Socrate. D'auantage & l'humeur & la chaleur qui est par le corps esparse, & la terrestre solidité des entrailles, en somme cest esprit spirable, si quelqu'vn s'enquiert d'où nous l'auons pris, il apparoist que nous auons pris l'vn de la terre, l'autre de l'eau, l'autre du feu, & l'autre de cest air que de l'haleine nous respirons. Et ce qui vainc toutes ces choses, ie dy la raison, & si vous voulez en plus de mots, l'entendement, le conseil, la pensee, la prudence, où l'auons nous prise? d'où l'auons nous tiree. Quoy? le monde aura-il toutes les autres choses, & n'aura pas ce seul point qui est plus que tous les autres? ores de toutes les choses il n'y a rien meilleur que le monde, rien plus excellent, rien plus beau, & non seulement il n'y a rien: mais aussi ne peut estre rien pensé de meilleur. Et s'il n'y a rien de meilleur que la raison & la sapience, il est necessaire qu'elle soit en ce que nous auons accordé estre bon par excellence. Et quoy? vne si grande alliance de choses tant bien consentante, conspirante, & continuee quel homme ne con-traindroient elle d'approuuer ce que ie dy? pourroit bien la terre en vn temps florir, puis vne autresfois roidir de froidure, ou en tant de choses qui se chan-

L iij

DE LA NATVRE DES

gent pourroit estre cogneu l'approchement du Soleil, & son esloignement aux Solstices, & aux Hyuers, ou les flux & reflux de la mer, ses destroits & ses gorts estre esmeuz par le leuer & coucher de la Lune, ou bien par vne cóuersion de tout le ciel estre conseruez les cours differens des astres? à la verité ces choses ne se pourroiēt faire toutes les parties du mōde accordees entr'elles, si d'vn esprit diuin & continué elles n'estoiēt contenuës. Et quand telles choses sont disputees plus amplement & plus copieusemēt, cōme i'ay intention de faire, plus aisément elles euitent la calomnie des Academiciens. Mais quand, cōme auoit accoustumé Zenon, elles sont reserrees pl⁹ bresuement & plus estroittement, lors elles sont pl⁹ ouuertes à estre reprises. Car cōme le fleuue coulant à peine ou nullemēt: mais l'eau réfermee est aisémēt corrōpuë, ainsi par le fleuue de l'oraison les vices du repreneur s'en vont à vau-l'eau. Mais le destroit de l'oraison pressee & reserree ne se desséd pas facilemēt. Car ce q̄ nous dilatós Zenó le pressoit en ceste maniere. Ce qui vse de raison est meilleur q̄ ce q n'vse point de raison. Or n'y a il rien meilleur que le monde, dōc le monde vse de raison. Pareillemēt se peut prouuer que le monde est sage, qu'il est biē-heureux, qu'il est eternel. Car toutes telles choses sont meilleures, que celles qui ne les ont point: & il n'y a riē meilleur que le monde, dōt il s'ensuit que le monde est Dieu. Luy mesme encores raisonnoit en ceste maniere. Aucune partie de ce qui est priué de sens ne peut sentir: or

les

DIEVX LIVRE II. 40

les parties du monde sont doüees de sentiment, dóc le monde n'est pas de sentiment priué. Luy-mesme poursuit, & presse encores plus estroittement. Rien dit-il, qui soit priué d'ame, qui soit priué de raison ne peut engendrer de soy chose animee, ny doüee de raison, ores le monde engendre des animants & choses doüees de raison, le monde doncques est animant & capable de raison iceluy mesme par similitude, comme souuent c'est sa coustume, conclud la raison en ceste sorte. Si des flustes sonnantes harmonieusement naissoient de l'oliue, tu ne douterois point de dire qu'il y a en l'oliue quelque science de ioüeur de flustes. Quoy si les planes portoient des chordes sonnantes nombreusement, certainement tu penserois le mesmes que la musique est ennee aux Planes. Pourquoy donc le monde ne sera-il estimé animant & sage veu qu'il engendre de soy choses animees & sages? mais pour ce que i'ay commencé de discourir autrement que ie n'auois promis du cómecemét: car i'auois mécogneu q̃ ceste premiere ptie eust besoin d'oraisõ, par ce q̃ c'est vn poït clair & manifeste à tous qu'il est des Dieux, toutesfois ie veux cófermer le mesme par raisons de physique & naturelles. Car il est ainsi, que toutes choses qui sont nourries & qui croissent, cótiennét en soy vne vertu de chaleur, sans laquelle elles ne pourroient estre nourries ny croistre. Car tout ce qui est chaud & ignee est esmeu & agité de son mouuemét: & ce q̃ est nourry & croist, vse d'vn monuemét certai & esgallé.

DE LA NATVRE DES

Lequel tout autant qu'il demeure en nous, autant y demeure le sens & la vie: mais la chaleur estant refroidie & esteinte, no⁹ mourōs & sommes esteints. Ce que Cleanthe demonstre aussi par tels argumens, à sçauoir combien est grande la vertu de la chaleur en tout le corps esparse. Car il mescognoist qu'il y ait viande tant pesante, qui ne soit cuite & digeree de iour & de nuit, & mesmes il se trouue vne chaleur aux reliques d'icelle que la nature reiette. Or les veines & arteres ne cessent de battre, comme par vn certain mouuement ignee, & a on souuent apperceu le cueur d'vn animant arraché tant mobilement palpiter, qu'il imitoit la legereté du feu.

 Doncques tout ce qui vit, soit animal ou produit de la terre, vit à cause de la chaleur en luy enclose: dōt on peut entendre que la nature de la chaleur cōtient en soy vertu vitalle penetrante par tout le monde. Ce que nous apperceurons plus clairement quand nous aurons plus subtilement desployé tout ce genre ignee qui nage & s'insinuë par tout.

 Ie toucheray doncques toutes les parties du monde qui sont soustenuës, appuyees de tresgrande chaleur, ce qui premierement se peut apperceuoir en la nature terrienne. Car nous voyons que du battement & rencontre des cailloux on tire le feu, & d'vn nouueau fouyssement.

Fumer la terre eschauffee.

Et mesmes que des puits perennels on tire l'eau tiede, ce qui se fait principalement en temps d'Hyuer,

DIEVX LIVRE II. 41

uer, d'autāt qu'vne grāde vertu de chaleur est contenuë aux veines & cauernes de la terre, laquelle se fait plus espaisse en Hyuer, & pour ceste cause contient plus estroittement la chaleur entee dans les terres. Le discours est long, & y a plusieurs raisons par lesquelles on peut monstrer que toutes les semences que la terre conçoit, & celles qu'engendrees de soy elle contient attachees aux racines, naissent & prennent accroissance, par le temperament de la chaleur. Et que la chaleur encores soit entremeslee auecques l'eau, en premier lieu la liqueur mesme : puis l'effusion de l'eau le demonstre: laquelle ny se geleroit aux froidures, ny se glaceroit par la neige & bruyne, si par la chaleur entremeslee elle ne se respandoit dissoute & fonduë. C'est pourquoy l'humeur s'endurcit aux Aquilons & autres froidures adioustees, & icelle mesme encores s'amollit, atiedie, & s'escoule par la chaleur. D'auantage les mers agitees des vents s'attiedissent de sorte, qu'on peut facilement entendre qu'en si grandes humeurs la chaleur est enclose. Car telle tiedeur ne doit pas estre estimee estrangere, & venant d'ailleurs, ains estre excitee des plus intimes parties de la mer: ce qui arriue mesmes à noz corps, quand ils s'eschauffent par mouuement & exercice. Et l'air mesme qui de sa nature est principalement froid, n'est point priué de chaleur, ains iceluy encores est entremeslé de chaleur abondante. Car iceluy naist du respirement des eaux. Car l'air doit estre estimé, comme vne certaine vapeur d'icelles.

M

DE LA NATVRE DES

Et il se fait par le mouuement de la chaleur, qui est contenuë és eaux, laquelle ressemblance nous pouuons apperceuoir en celles eaux, qui boüillent par feus soudains. Quant à l'autre quatriesme partie du monde, de son naturel aussi elle est toute ardente, & depart à toutes les autres natures vne chaleur salutaire & vitalle. Dequoy se tire conclusion que puis que toutes les parties du monde sont soustenuës de la chaleur, que le monde luy mesme d'vne semblable & pareille nature est conserué en telle longueur de siecles, & ce d'autant plus qu'on doit entendre, que ce qui est chaud & ignee est tellement respandu par toute la nature, que dedans luy est contenuë la force de procreer, & la cause d'engendrer, duquel tous les animaux, & les plantes dont les racines sont contenuës en terre, necessairement doiuent naistre & s'accroistre. C'est doncques nature qui contiét tout le monde & le conserue, qui à la verité n'est pas sans sentiment & raison. Car il est necessaire que toute nature, qui n'est point solitaire ny simple, mais iointe & liee auecques vn autre, contienne en soy quelque principauté, comme est l'entendement en l'hóme, en la beste: quelque ombre d'entendement d'où prouiennent les appetits des choses. Mais aux racines des arbres, & des autres choses qui sont engendrees de la terre, on estime deuoir estre la principauté.

Or i'apppelle cela principauté que les Grecs nóment ἡγεμονικόν, lequel en chaque genre, ne peut receuoir

ceuoir ny cognoiftre rien de plus excellét. Parquoy il eft auffi neceffaire que ce enquoy eft la principauté de toute nature, foit l'excellence de toutes chofes, & en puiffance & domination de toutes chofes le plus digne. Or voyons nous aux parties du monde (car il n'y a rien en tout le monde qui ne foit part de l'vniuers) qu'il y a fentiment & raifon. Il eft donc de befoin qu'en celle partie du monde, où eft la principauté, telles chofes fe trouuent voire beaucoup plus fubtiles, & plus grandes: parquoy il eft neceffaire que le monde foit fage, & que celle nature qui embraffant toutes chofes les contient en foy, excelle en perfection de raifon, & que pourtant le monde eft Dieu, & que toute la vertu du monde eft contenuë en la nature diuine. Et que mefmes cefte ardeur foit plus pure, plus luifante, & beaucoup plus mobile, & pour les mefmes caufes plus apte & idoine à efmouuoir les fens, que n'eft pas noftre chaleur, par laquelle les chofes qui nous font cogneuës, font conferuees & enuigourees. Ce feroit doncques chofe abfurde de dire puis que les hommes & les beftes font conferuees par telle chaleur, & que pour cefte caufe elles meuuent, & fentent, que le monde foit fans fentiment, lequel eft conferué d'vne ardeur entiere, & libre, & pure, voire mefme tref-fubtile & tref-mobile. Principalement veu que cefte ardeur qui eft propre du monde, n'eft agitee d'autruy, ny de pouffement eftrange, ainçois de foy & de fon bon gré eft mué. Car qu'eft-ce qui peut

M ij

DE LA NATVRE DES

estre plus puissant que le monde qui chasse & meuue ceste chaleur dont il est conserué? car escoutons Platon presque vn Dieu des Philosophes, lequel veut qu'il y aye deux mouuemens, l'vn propre, & l'autre estrange, & que cestuy-là est plus diuin qui de soy & de son bon gré est meu, que celuy qui est agité du poussement d'autruy. Or il pose que ce mouuemēt se trouue és seules ames, & estime que d'icelles est tiré le principe du mouuemēt. Pour ceste cause puis que de l'ardeur du monde tout mouuement prend naissance, & que telle ardeur non du poussement d'autruy, ainçois de son bon gré est mué, il est necessaire que ce soit l'ame, dont s'ensuit que le monde est animant. Et de là mesme on peut entendre qu'en iceluy est vne intelligence, par ce certainement que le monde est meilleur qu'aucune autre nature. Car comme il n'y a aucune partie de nostre corps qui ne soit moindre que nous ne sommes, ainsi est-il de besoin que le monde vniuers soit plus que quelque partie de l'vniuers. Que s'il est ainsi, il est necessaire que le monde soit sage: car s'il n'estoit ainsi, il faudroit que l'homme qui seroit vne partie du monde, d'autant qu'il est participant de raison, fust plus que tout le monde. Et si nous voulons encores proceder des premieres & encommencees natures aux dernieres & parfaittes, il est necessaire que nous paruenions à la nature des Dieux. Car en premier lieu nous apperceuons que la nature soustient les choses qui sont engendrees de la terre, ausquelles la nature n'a rien donné

donné de plus, que de les conseruer en les nourrissant & augmentant. Mais aux bestes elle a donné le sentiment & le mouuement, & auec vn certain appetit, accez aux choses salutaires & retraitte des nuisibles & pestiferes, mais elle a donné à l'homme de plus, qu'elle luy a adiousté la raison, par laquelle seroient gouuernez les appetits de l'ame, qui ores se relaschent, ores sont retenus. Mais le quatriesme degré & le plus haut est de ceux, qui sont engendrez bons & sages par nature, esquels naist dés le commencement vne raison droite & constante, qui doit estre estimee au dessus de l'homme, & à Dieu attribuee, c'est à dire, au monde, auquel il est necessaire que soit la raison parfaitte & absoluë. Car on ne peut dire qu'en toute institution des choses il n'y ait quelque point extreme & parfait. Car comme nous voyons en la vigne, comme nous voyons en la beste (si quelque force ne l'empesche) que la nature par vn certain chemin a elle peculier & propre paruient à la fin: & comme la peinture, & la fabrique & les autres arts ont vn certain effet d'œuure accomply, ainsi en toute la nature & beaucoup d'auantage, il est necessaire, que quelque chose soit parfaitte & accomplie. Car aux autres natures plusieurs choses estranges peuuent resister pour empescher leur perfection, mais chose aucune ne peut empescher la nature vniuerselle, d'autant qu'elle ramasse & cõtient en soy toutes les autres natures. Parquoy il est necessaire qu'il y ait vn quatriesme & tres-haut de-

DE LA NATVRE DES

gré, ou nulle violence ne puiſſe arriuer. Or eſt-ce le degré ou ſe repoſe la nature de toutes les natures. Lequel d'autant qu'il eſt tel qu'il preſide à toutes, & que nulle choſe ne le peut empeſcher, il eſt de beſoing que le monde ſoit doüé d'intelligence, voire meſme de ſapience. Et qu'eſt-il rien plus inepte que de dire que ceſte nature qui contient toutes choſes, ne ſoit treſ-parfaitte? ou puis qu'elle eſt treſ-parfaitte, que premierement elle ne ſoit animante, ſecondement participante de raiſon & conſeil, & finablement ſage? car comme pourroit elle eſtre autrement treſ-bonne & treſ-parfaitte? car pour eſtre ſemblable aux plantes, ou meſmement aux beſtes, elle ne doit pas eſtre eſtimee pluſtoſt treſbonne que treſ-meſchante. Et pour eſtre participante de raiſon, ſi toutesfois du commencement elle n'eſt ſage, l'eſtat du monde ne ſera pas meilleur que la condition humaine. Car l'homme peut eſtre fait ſage: mais le monde ſi en l'eſpace eternel du temps paſſé il a eſté fol, à la verité il n'atteindra iamais à la ſapience, par ainſi il ſera de pire condition que l'homme. Ce que d'autant qu'il eſt abſurde, le monde dés le commencement doit eſtre eſtimé & ſage & Dieu. Car il n'y a rien ſinon le monde, à qui rien ne deffaille, & lequel en tout & par tout ſoit apte & parfait, & accomply de tous ſes nombres & parties. Car Chryſippe a bien dit, comme l'enueloppe eſt faitte pour le bouclier, & la gaine pour l'eſpee, ainſi fors le monde toutes autres choſes ſont engēdrees pour
le re-

DIEVX LIVRE II. 44

le respect d'autruy, comme sont les bleds & les fruits que la terre engendre pour les animants, & les animants pour les hommes, comme le cheual pour porter, le bœuf pour labourer, & le chien pour chasser, & garder la maison & les troupeaux. Mais l'homme est né pour contempler & imiter le monde non parfait en aucune sorte: mais bien vne parcelle de ce qui est parfait. Mais le monde par ce qu'il contient toutes choses, & qu'il n'y a rien qui ne soit en iceluy, il est parfait de toutes parts.

Que peut-il doncques deffaillir à ce qui est tresbon ? or n'y a-il rien meilleur que l'entendement & la raison, doncques telles choses ne peuuent deffaillir au monde.

Bien doncques a dit le mesme Chrysippe qui adioustant les similitudes monstre que toutes choses aux parfaits & mœurs sont meilleures, comme au cheual plus qu'au poullain, au chien plustost qu'au petit chien, & en l'homme plus qu'en l'enfant. D'auantage ce qui est tres-bon en tout le monde, cela doit estre en quelque parfait & accomply. Or n'est pas la nature de l'homme parfaitte, & toutesfois la vertu se fait en l'homme.

Cōbien donc plus facilemēt au mōde? dōc la vertu est en iceluy, il est dōc sage, & par cōsequēt Dieu. Et ceste diuinité du monde recogneuë, il faut attribuer aux Astres la mesme diuinité, lesquels sont engendrez de la plus noble & plus pure partie de l'Ether. Et qui d'auantage n'ont aucune autre nature entremeslee, ains sont tous chauds & tresluisans, de sorte qu'à tres-bon droit ils sont dits estre animans & sentir & entendre. Et qu'ils soient du tout igneez. Cleanthe estime que cela se conferme par le tesmoignage de deux sens, à sçauoir du touchement & des yeux. Car la chaleur & candeur du Soleil est plus illustre que feu aucun, comme celuy qui en ce monde immense reluist tant & en long & en large: & duquel le touchement est tel, que non seulement il attiedit, ains brusle aussi souuentesfois, ce qu'il ne feroit point s'il n'estoit ignee. Doncques, dit-il, puis que le Soleil est ignee, & qu'il est nourry des humeurs de l'Ocean, d'autant que sans aliment aucun feu ne pourroit durer, il est necessaire ou qu'il soit semblable au feu dont nous nous seruons pour nostre vsage & viure, ou bien à celuy qui est contenu au corps des animants.

Or cestuy nostre feu que requiert l'vsage de la vie, consume, & deuore tout, & iceluy mesme quelque part qu'il se prenne, ard & dissipe tout. Au contraire celuy du corps vital & salutaire, cõserue, nourrit, augmente, souftient, & donne sentiment à tout. Il mescognoist donc qu'on puisse douter, auquel de ces deux feus le Soleil est semblable, puisque iceluy fait aussi que toutes choses florissent, & boutõnent chacune en son genre. Parquoy puis que le feu du Soleil est semblable aux feus, qui sont au corps des animants, il faut que le Soleil soit animant aussi, voire mesme les autres Aitres, lesquels se leuent en l'ardeur

DIEVX LIVRE II. 45

deur celeste qui est nommee l'Ether ou le Ciel. Puis doncques que la naissance des autres animants est en la terre, des autres en l'eau, des autres en l'air. Aristote trouue chose absurde d'estimer qu'aucun animal ne soit engendré, en celle partie qui est tref-propre & conuenable pour engendrer. Or les estoilles obtiennent le lieu Etheré, lequel par ce qu'il est tref-delié, & qu'il est tousiours agité & en vigueur, il est de besoing que l'animal qui est engendré en iceluy, soit doüé d'vn sens treffubtil, & d'vne vistesse à mouuoir tref-prompte. Parquoy puis que les Astres sont engendrez en l'Ether, il est bien probable qu'ils ont & sentiment & intelligence, dont on peut conclure qu'il faut estimer les astres au nombre des Dieux. Car on peut voir les esprits plus aigus, & plus prompts à entendre de ceux qui habitent les terres, où l'air est pur & delié, que de ceux qui viuent & respirent sous vn ciel espois & grossier. D'auantage ils estiment que il importe beaucoup à la pointe de l'entendemét de quelle viande vous vsiez. Il est donc bien probable que les Astres ont vne intelligence excellente, lesquels habitent en la partie etheree du monde, & qui sont nourris des humeurs marines & terrestres attenuees en si long interualle.

Or declare principalement l'ordre & la constance des astres, leur sens & intelligence. Car il n'y a rien qui puisse estre meu par nombre & raison sans conseil, en quoy n'y a rien de temeraire, rien de variable, rien de fortuit.

N

DE L'A NATVRE DES

Et l'ordre des aſtres, & leur conſtance en toute eternité, ne ſignifie pas la nature, car elle eſt pleine de raiſon : ni la fortunne, qui amie de la varieté reiette la conſtance. S'enſuit donc qu'ilz ſont meuz d'eux-meſmes de leur bon gré, propre ſentiment & diuinité.

Et certes en cela Ariſtote eſt loüable, qu'il a penſé que toutes choſes qui ſont muës, ou ſont muës par nature, ou par force, ou par volonté. Et que le Soleil & la Lune, & les autres Aſtres ſont meuz. Et que les choſes qui sõt muës par nature, ou pour leur pois tendent en bas, ou pour leur legereté tendēt en haut: mais ni l'vn ni l'autre n'arriue aux Aſtres, d'autant que leur mouuement eſt porté en rond & tout à l'enuiron. Et ne peut on dire qu'il ſe face par quelque plus grande force, que les Aſtres ſoyent meuz contre nature. Car quelle plus grãde peut eſtre? Reſte donc que le mouuement des Aſtres ſoit volontaire.

Que qui les void, il ne fait pas ſeulement indoctemẽt, mais impiement auſſi, s'il mécognoiſt qu'il y a des Dieux. Et certainement il n'y a gueres de differẽce, ou qu'il les nie, ou qu'il les priue de toute prouidence & action. Car celuy qui ne fait rien du tout ne me ſéble point eſtre. C'eſt donc vne choſe ſi claire, qu'il eſt des Dieux qu'à peine puis-ie eſtimer celuy d'eſprit raſſis qui le mécognoit & denie. Reſte que nous conſiderions quelle eſt leur nature, en-quoy n'y a rien de pl⁹ malayſé, que de retirer la poin-

te

re de l'entendement de l'accouſtumance des yeux.

Telle difficulté a induit, & les ignorans du vulgaire, & les Philoſophes ſemblables aux rudes & groſſiers, que ſils n'eſtabliſſent les figures des hommes, ils ne peuuent rien penſer des Dieux immortels.

La legereté de laquelle opinion ayant eſté confutee par Cotta ne deſire point mon oraiſon. Mais puis qu'il eſt ainſi que par vne certaine notion de l'ame nous auant-ſentions que Dieu eſt tel, que premierement il eſt animant, par apres qu'en toute la nature il n'y a rien plus excellent que luy, à telle notion & préſentiment noſtre.

Ie ne voy rien que nous puiſſions mieux accommoder, qu'en premier lieu ce monde, qui n'a rien plus excellent que luy, ſoit eſtimé de nous, & animant, & Dieu. Se mocque icy Epicure tant qu'il voudra, homme non fort propre à ſe mocquer, & qui n'a point de regard à ſon pays, & die qu'il ne peut entendre quel eſt ce Dieu rond & volubile, toutesfois par ce que luy meſme approuue, il ne m'oſtera iamais de ceſte opinion. Car il luy plaiſt qu'il y ait des Dieux, par ce qu'il eſt de beſoing qu'il y ait vne nature excellente qui ne recognoiſſe rien de meilleur, ores certainement il n'y a rien meilleur que le monde. Et n'y a point de doute que ce qui eſt animant, & qui a ſentiment, & raiſon, & penſee, ne ſoit meilleur, que ce qui en eſt priué.

N ij

DE LA NATVRE DES

S'enſuit par ce moyen que le monde eſt animant doüé de ſens, de penſee, & raiſon, pour laquelle cauſe on conclud que le monde eſt Dieu. Mais cela peu apres ſe cognoiſtra plus aiſémēt par les meſmes choſes que fait le monde. Ce pendant Velleius, ie te prie ne vueille point faire apparoiſtre que vous eſtes du tout deſpourueuz de doctrine.

Tu dis qu'vne pomme de pin, vn Cylindre, & vne Pyramide, te ſemble plus belle que la figure ronde & ſpherique, vous auſſi auez vn nouueau iugement d'yeux. Mais bien que tels corps ſoient ſeulement plus beaux en apparence, ce qui toutesfois ne me ſemble pas. Car qu'eſt-il rien plus beau que celle figure, qui ſeule tient en ſon pourpris toutes les autres figures? & laquelle ne peut auoir rien d'aſpreté, rien de raboteux, rien tranché d'angles, rien entrecouppé de deſtours, riē de ſurparoiſſant, riē foſſeté dedans, ny aucunes fentes? & comme ainſi ſoit qu'il y ait deux formes excellentes, d'entre les ſolides le globe ou la boulle (car il me plaiſt d'interpreter ainſi la Sphere) & des figures aplanies, le cercle, ou le rond, qui eſt dit en Grec κύκλος, à ces deux ſeules formes arriue, que toutes leurs parties ſoient rreſſemblables entr'elles, & que l'extremité eſt autant eſloignee du milieu, comme eſt le centre du contour, ſur quoy rien de plus propre ne peut eſtre. Mais ſi vous ne pouuez apperceuoir cela par ce que vous n'auez iamais touché à ceſte poudre bien appriſe, n'auez vous pas auſſi Phyſiciens peu entendre

dre ce point, que ceste equalité de mouuement, &
constance des ordres ne se peut conseruer en autre
figure? parquoy rien plus indocte ne peut estre que
ce que vous auez de coustume d'affermer. Car vous
dites que ce monde mesme n'est pas au certain rond:
car il se peut faire qu'il est d'autre figure, & qu'il y a
des mondes innombrables, dont les autres sont d'autres formes, ce que certainement Epicure ne diroit
pas, s'il auoit appris que valent deux fois deux, deux
fois. Mais pendant que du Palais il iuge ce qui est
tres-bon (ainsi que dit Ennius) il n'a point contemplé le Palais du ciel. Car côme il y ait deux sortes d'e-
stoilles, l'vne desquelles p espaces incômuables coulant d'Orient en Occident, ne destourne iamais la
trace de son cours, & l'autre par vne continuelle cô-
uersion de soy, face le mesme par mesmes espaces &
courses, de l'vne & de l'autre, on recognoist & la vo-
lubilité du monde, qui ne pourroit estre sinon en v-
ne forme de boulle, & les ronds circuits des estoilles: & premierement le Soleil qui tient la principauté des astres, est tellement meu, que quand il a remply les terres d'vne large lumiere, il obscurcit les mesmes tantost à ces parties, tantost à cellesla. Car l'ombre de la terre empeschant le Soleil, fait la nuit. Et l'e-
quabilité des nuitaux espaces est vne mesme que celle des iournels. Et les petites approches & retraittes
du mesme Soleil temperent la mode & du froid &
de la chaleur. Car les circuits des ronds du Soleil en
trois cens soixante & cinq iours, presque la quatries-

DE LA NATVRE DES

me partie d'vn iour y estant adioustee, acheuent sa conuersion annuelle. Et le Soleil destournant son cours tantost aux Septentrions, puis tantost au My-iour, fait les Estez & les Hyuers, & les autres deux faisons l'vne desquelles est adiointe à l'Hyuer enuieillissant, & l'autre à l'Esté. Ainsi des quatre changemens des saisons sont tirez les commencemens & les causes de toutes choses qui sont engendrees en la terre & en la mer. Or la Lune en l'espace d'vn mois atteint les courses du Soleil annuelles, de laquelle le plus prochain accez au Soleil fait sa lumiere moindre, & sa plus longue distance, la fait entiere & toute pleine.

Et non seulement son apparence & forme est muee, tant en croissant, que par decours retournant aux commencemens: mais aussi la region qui ores est Aquilonaire, ores My-iournelle. Pareillemét au cours de la Lune se void la semblâce d'vn charbon & du Solstice, & d'icelle distillent & decoulent plusieurs influences, desquelles les animants se nourrissent, accroissent, & florissent, & dont acquierent maturité les choses qui naissent de la terre. Mais principalement sont admirables, les mouuemens des cinq estoilles, qui faussement sont nommees errantes. Car rien n'est errant qui en toute eternité conserue son progrés & retraittes, & ses autres mouuemens constans & certains. Ce qui est d'autát plus admirable en ces estoilles dont nous parlons, parce qu'ores elles se cachent, puis ores se descouurent, tantost s'en vont,
tantost

DIEVX LIVRE II. 48

tantoſt reuiennent, & puis tátoſt ne ſe meuuét point du tout, ains ſ'arreſtent pour quelque téps, des mouuemens nompareils deſquels les Mathematiciés ont nommé le grand An, qui ſe fait alors qu'eſt accōplie la conuerſion du Soleil & de la Lune, & des cinq Planettes, les eſpaces de to⁹ parcouruz, rapportez à meſme comparaiſon entr'eux. Or cōbien elle eſt lōgue, la queſtiō en eſt gráde, ſi eſt-il neceſſaire qu'elle ſoit certaine & definie. Car l'eſtoille qui eſt ditte Saturne, & qui eſt nommee des Grecs φαίνων, Phænon laquelle eſt fort eſloignee de la terre, preſque en trente ans acheue ſon cours. Auq̄l cours elle fait pluſieurs choſes admirablemēt, tátoſt deuáçát, tátoſt retardát, ores ſe cachát au téps du veſpre, & ores derechef ſe découurát au matin ſans auoir rien chágé depuis les aages ſempiternels des ſiecles, qu'aux meſmes téps elle ne face les meſmes choſes. Au deſſo⁹ d'icelle pl⁹ pres de la terre eſt mué l'eſtoille de Iupiter, qui eſt ditte en Grec φαέθων, Phaëton, & icelle parcourt en douze ans le meſme cercle des ſignes, & en ſon cours fait les meſmes varietez que l'eſtoille de Saturne. En la Sphere prochaine d'audeſſous eſt πυρόεις, Pyroïs, qui eſt appellee l'eſtoille de Mars, & icelle en vingt & quatre mois ſix iours moins, comme ie penſe parcourt le meſme cercle q̄ les deux ſuperieures. Au deſſous d'icelle eſt l'eſtoille de Mercure qui eſt appellee des Grecs ϛίλβων, Stilbon, laquelle preſque autour d'vne annee diſcourt le cercle Porte-ſigne, & ne ſ'eſloigne iamais du Soleil de plus loing,

DE LA NATVRE DES
que l'espace d'vn signe tantost le deuançant, & tantost le suiuant. La plus basse des cinq errantes, & plus prochaine de la terre est l'estoille de Venus qui en Grec est ditte φωσφορος, & des Latins Lucifer (nous la nommons l'estoille des bergers) quand elle deuance le Soleil, & quand elle le suit ils la nomment Hesperos, & nous la vesprine. Elle paracheue son cours en vn an, discourant la latitude du cercle Porte-signe, & sa longitude, ce que mesmes font les estoilles superieures, & ne s'esloigne iamais du Soleil plus loing que de l'interualle de deux signes tant le deuançant que l'ensuiuant. Doncques vne si grande constance aux estoilles, vne telle & si grande conuenance de temps en toute eternité, & de cours si diuers ie ne puis entendre sans pensee, raison & conseil. Lesquelles comme nous voyons qu'elles soient aux astres, nous ne pouuons que nous ne les mettions au nombre des Dieux. Et certainemét les estoilles mesmes qu'on appelle non errantes signifient la mesme pensee & prudence, desquelles la conuersion iournelle est conuenante, certaine, & constante. Et n'ont pas des cours etherez, ny attachez au ciel, comme disent plusieurs ignorans de la raison naturelle. Car ce n'est pas la nature de l'Ether que de sa propre vertu elle torde les estoilles qu'elle embrasse & contiét. Car l'Ether delié, & transparent, & respandu d'vne chaleur esgallee, ne semble pas assez idoine pour côtenir les estoilles.

Donc les estoilles non errantes ont leur Sphere
separee

DIEVX LIVRE II.

ſeparee & affranchie de la conionction Etheree. Et leurs cours perennels & perpetuels auecques vne admirable & incroyable conſtance, declarent qu'en icelles y a vne vertu & penſee diuine, de ſorte que celuy qui ne ſent point qu'elles ont puiſſance de Dieux, ſemble du tout ne deuoir rien ſentir. Doncques n'y fortune, ny temerité, ny erreur, ny vanité n'eſt au ciel ains au contraire tout ordre, verité, raiſon, & conſtance. Et les choſes qui en ſont priuees menſongeres & fauſſes, & pleines d'erreur, icelles à l'entour des terres au deſſous de la Lune, qui eſt la derniere de toutes, & en la terre meſme ſe trouuent. Celuy donc qui eſtime que l'ordre admirable, celeſte, & la conſtance incroyable, dequoy naiſt toute la conſeruation & le ſalut de toutes choſes, ſoit priué d'entendement, luy meſme doit eſtre eſtimé ſans raiſon & penſee, ie penſe que ie n'erreray doncques point ſi ie tire le commencement de ce diſcours de celuy qui eſt prince, en la recherche de la verité. Zenon doncques definit ainſi la nature, qu'il dit que c'eſt vn feu artificieux qui pour engendrer par ordre s'aduance. Car il eſtime que c'eſt le propre de l'art principalement de creer & d'engendrer, & que ce que noſtre main fait aux œuures de noz arts, la nature le fait beaucoup plus artificiellement, à ſçauoir comme i'ay dit, ce feu artificieux maiſtre de tous les arts. Et pour ceſte raiſon toute nature eſt artificieuſe, d'autant qu'elle a quelque voye & ſentier qu'elle enſuit. Mais la nature de tout le monde qui en ſon pourpris

O

quoy de concorde, de liberté, de victoire? de toutes lesquelles choses par ce que la vertu estoit si grãde, que sans Dieu elle ne pouuoit estre gouuernee, pourtãt la chose mesme a obtenu le nom des Dieux. Duquel genre ont esté consacrez les noms de Cupidon, & de Volupté, & de Venus Lubentine, choses vicieuses & naturelles, combien que Velleius l'estime autrement: mais toutesfois tels vices poussent souuent la nature plus vehementement. Doncques par la grandeur des vtilitez, ont esté establiz les Dieux qui produisoient chacune commodité. Et par ces noms que nous auons dits n'aguieres est declaré quelle vertu est en chasque Dieu. Or la vie des hommes a receu & la commune coustume d'esleuer par renommee & par volonté, au ciel les hommes en biensfaits excellens. De là Hercule, de là Castor & Pollux, de là Esculape, de là mesme Liber. Ie dy ce Liber fils de Semele, non ce Liber que noz deuanciers augustement & saintement ont consacré auec Ceres & Libera, laquelle chose on peut entendre par les mysteres quelle elle est. Mais par ce que nous appellons noz enfans en Latin Liberi, à ceste cause les enfans de Ceres ont esté nommez Liber & Libera, ce qu'ils retiennent en Libera, non pas en Liber. De là mesmes Romule, qu'aucuns estiment estre vn mesme auecques Quirin: desquels par ce que les ames restoient & iouyssoient de l'eternité, à bon droit ils ont esté estimez Dieux, par ce qu'ils estoient tresbons & eternels.

Pour

Pour vne autre raiſon encores, & icelle naturelle eſt decoulee vne grande multitude de Dieux, leſquels induits en eſpece humaine ont fourny de fables aux Poëtes, & ont remply la vie des hommes de toute ſuperſtition. Lequel lieu traitté par Zenon, depuis par Cleanthe & Chryſippe, a eſté deſployé en pluſieurs paroles. Car ceſte vieille opinion a remply la Grece que le Ciel auoit eſté ſenné de ſon fils Saturne, & que Saturne luy-meſme auoit eſté lié de Iupiter ſon fils. Vne raiſon naturelle aſſez elegante a eſté encloſe en meſchantes fables. Car ils ont voulu que la treſ-haute nature celeſte & etheree, c'eſt à dire ardente, qui de ſoy engendre toutes choſes, fuſt priuee de celle partie du corps, qui auoit beſoing de la conionction d'vn autre pour procreer. Mais ils ont voulu celuy eſtre Saturne, qui contient le cours & la conuerſion des eſpaces & des têps, lequel Dieu a le meſme nom en Grec, car il eſt dit Κρόνος, qui eſt le meſme chronos, c'eſt à dire l'eſpace du temps. Et il a eſté appellé Saturne par ce qu'il ſe ſouloit d'annees. Car on feint qu'il auoit accouſtumé de manger ſes enfans, par ce que l'aage côſume les eſpaces des têps, & des ans paſſez eſt inſatiablement remplie. Or a-il eſté lié de Iupiter, de peur qu'il n'euſt des cours immoderez, & à fin qu'il le liaſt des liens des Aſtres. Mais le meſme Iupiter, c'eſt à dire le Pere-aidant, que par declinaiſon les Latins appellent *Iouem à iuuando*, eſt dit des Poëtes le pere, des Dieux & des hommes, & de noz deuanciers treſ-bon, treſ-grand, voi-

O iij

DE LA NATVRE DES

re tres-bon, c'est à dire tout-bienfaisant, auant que tres-grand, car certainement c'est chose plus grande & plus aggreable de proffiter à tous, que d'auoir grandes richesses. Doncques Ennius l'appelle (comme i'ay dit cy dessus) parlant en ceste maniere.

Voy ce sublime & blanchissant Ether,
Que tout chacun reclame Iupiter,

Et plus ouuertement en autre endroit luy mesme dit.

Auquel i'exerceray tout ce qui en moy est,
Par lequel luist tout ce qui apparoist.

Iceluy mesmes noz augures appellent Iupiter esclairant & tonnant: car ils disent Iupiter esclairant, tonnant, ils disent qu'au ciel il esclaire & tonne. Et comme Euripide ait dit plusieurs choses fort elegamment, il a dit cecy brefuement.

L'Ether sublime, immense, & luisant comme verre
D'vn tendre embrassement tu vois ceindre la terre,
Estime le, des Dieux supreme & souuerain,
Et afferme qu'il est le Iupiter serein.

Mais l'air (comme disputent les Stoïques) qui est entreietté entre le ciel & la mer, est consacré au nom de Iunon, qui est la sœur & femme de Iupiter, par ce que c'est vne similitude de l'Ether, & auec luy il a grande alliance. Or l'ont-ils efféminé & l'ont attribué à Iunon, par ce qu'il n'y a rien plus mol. Mais i'estime, que Iunon a esté ditte à *iuuando*. Restoit l'Eau & la terre, à fin que selon les fables il y eust trois

Royaumes

DIEVX LIVRE II. 52

Royaumes diuisez. L'vn doncques a esté donné à Neptune frere, comme ils veulent de Iupiter, à sçauoir tout le regne de la marine & a esté son nom produit, de sorte qu'il est dit du port Portune, & de noüer Neptune, les premieres lettres vn peu changees. Mais toute la puissance & nature terrienne a esté dediee au pere Dis, c'est à dire en Latin *diues*, riche, comme entre les Grecs πλούτων, par ce que toutes choses retombent en la terre, & de la terre prennent naissance. Auquel ils adioignent Proserpine, qui est vn nom des Grecs, car c'est celle qu'en Grecs ils nomment περσεφόνη, qu'ils veulent estre la semence des bleds, & cachee la feignent estre cherchee par sa mere. Mais la mere est ditte à *gerendis frugibus* Ceres quasi geres la premiere lettre aucunement muee, comme encores entre les Grecs. Car d'iceux aussi elle est ditte δημήτηρ, quasi γημήτηρ. Et *Mauors qui magna verteret*, qui tournoit les choses grandes.

Et Minerue ou qui diminuoit, ou qui menaçoit. Et cóme en toutes choses les premieres & dernieres eussent tres-grande force, ils ont voulu qu'en sacrifiant Ianus fust Prince, lequel nom en Latin est tiré *ab eundo*, d'aller, d'où sont prins les passages ouuers de Ianus, & les portes aux huisseries des maisons prophanes se nomment en Latin *ianuæ*. Car le nom de Vesta est emprunté des Grecs, c'est celle qu'ils appellent ἱσία, & sa grande vertu s'estend aux autels & fouyers. Pourtant vers icelle Déesse, qui

DE LA NATVRE DES

est gardienne des choses intimes, s'addresse la fin de toute priere & sacrifice. Et ne sont gueres esloignez de ceste vertu les Dieux *Penates*, soit que leur nom en Latin soit tiré de *Penu* (car il signifie tout ce dont les hommes viuent) ou bien de ce que *penitus insident*, ils s'asseent au dedans, dont aussi ils sont appellez *Penetrales* par les Poëtes. Quant au nom d'Apollon il est Grec, lequel ils veulent que ce soit le Soleil. Et pensent que c'est vne mesme que Diane & la Lune, comme ainsi soit que le Soleil ait esté dit, ou pour ce que seul d'entre tous les Astres, il est si grand, ou pour ce que quand il est leué, tous autres obscurciz, seul il apparoist. La Lune ait esté nommee de la lumiere: car elle mesme est Lucine. Par ainsi comme entre les Grecs ils reclament Diane, & icelle porte-lumiere, ainsi entre les nostres à l'enfantement ils reclament Iunon Lucine, laquelle mesme est ditte Diane toute vagabonde, non pas de la chasse: mais pour ce qu'elle est nombree entre les sept comme vagabonds & errants. Et est ditte Diane par ce qu'en la nuit elle fait presque le iour dit en Latin *Dies*.

Or est elle reclamee aux enfantemens, par ce que ils sont meurs ou quelquesfois en sept, ou le plus souuent en neuf cours de la Lune, lesquels d'autant qu'ils sont des espaces mesurez pourtant s'appellent ils en Latin *Menses*, Mois.

Doncques bien proprement, comme en plusieurs autres choses rencontra Timee, lequel comme il

DIEVX LIVRE II. 53

me il euſt dit en ſon hiſtoire, qu'en la nuit que naſ-
quit Alexandre, le temple de Diane Epheſienne a-
uoit eſté bruſlé, il adiouſta, qu'il ne ſen falloit point
eſmerueiller, par ce que d'autant que Diane vouloit
aſſiſter à l'enfantement d'Olympias, elle ſeſtoit ab-
ſentee de ſa maiſon. Et les noſtres ont nommé Venus la Deeſſe à toutes choſes venante, & d'icelle eſt
pluſtoſt deduitte la venuſté, que Venus de la
venuſté. Voyez vous doncques pas comme
des choſes naturelles bien & vtilement inuentees
la raiſon a eſté tiree aux Dieux controuuez & feints?
ce qui a engendré des opinions fauſſes, & des erreurs
turbulentes, & des ſuperſtitions preſque de vieilles.
Car & les formes des Dieux, & leurs aages, & leurs
veſtemens & ornemens nous ſont cogneuz. En outre leurs races, mariages, alliances, & toutes choſes
tirees à la ſemblance de l'imbecilité humaine. Car
on les introduit pleins d'ames partroublees. Car nous
auons appris les conuoitiſes des Dieux, leurs maladies, & choleres.

Et comme diſent les fables, ils n'ont pas eſté priuez de guerres & combats, & non ſeulement comme en Homere, quand diuers Dieux deffendoient
chacun de ſon coſté deux armees contraires : mais
auſſi lors qu'ils menerent leurs propres guerres auec
les Titans, & auec les Geants. Ces choſes ſont dittes
& creües tref-follement, & ſont pleines de vanité, &
de ſouueraine legereté. Mais toutesfois ces fables
meſpriſees & reiettees, Dieu penetrant par la nature

P

DE LA NATVRE DES

de chaque chofe, par les terres, Ceres, par les mers Neptune, les autres par autres chofes pourront eftre entendus, qui & quels ils font, & de quelque nom que la couftume les ait appellez, ces Dieux-là deuõs nous & venerer & honorer. Or le feruice des Dieux eft trefbõ, & iceluy mefme trefchafte, & treffaint, & tout plein de pieté, à fin que nous les reuerions toufiours d'vne penfee & voix pure, entiere, & non corrõpuë. Car non feulemẽt les Philofophes: mais auffi noz deuanciers ont feparé la fuperftitiõ de la religiõ. Car ceux qui prioient & immoloient tout du lõg du iour à ce que leurs enfans fuffent fuperftites, c'eft à dire furuiuãs apres eux, furẽt appellez fuperftitieux, lequel nom f'eftendit depuis plus au large. Mais ceux qui traittoient diligemment tout ce qui appartenoit au feruice des Dieux, & cõme le relifoient, furẽt dits religieux de relire, cõme electeurs d'eflire, diligẽs de diligence, & intelligens d'intelligence. Car en tous ces mots eft cachee la mefme vertu de lire comme au religieux.

Ainfi aduint au fuperftitieux & au religieux que l'vn eft nom de vice, & l'autre de loüange. Or il me femble que i'ay affez demõftré & qu'il eft des Dieux, & quels ils font.

Il faut prochainement que ie monftre que par la prouidence des Dieux le monde eft adminiftré & gouuerné. Grand difcours certainement, & fort agité des voftres, Cotta, car de vray tout le combat eft auecques vous.

Car

Car quant à vous Velleius, il vous est moins cogneu comme chasque discours se doit dire. Car vous lisez seulement ce qui est vostre, vous aimez ce qui est vostre, vous condamnez les autres sans cognoissance de cause, comme au iour d'hier tu disois toymesme, que la vieille deuineresse Pronee estoit introduitte des Stoïques, c'est à dire la prouidence, ce que tu dis en mesme erreur, par ce que tu penses que la prouidéce est par eux feinte, cóme quelque Deesse singuliere, qui gouuerne & regit tout le monde: mais cela se dit propremét, cóme si quelqu'vn disoit que la Repub. des Atheniés fust gouuernee par conseil, sans y adiouster de l'Ariopage, ou cháp de Mars: ainsi quand no⁹ disons le móde estre administrée de la prouidéce, pése qu'il y deffaille des Dieux: & estime qu'on dit ainsi plainemét & parfaittemét, p la ꝓuidéce des Dieux le móde estre administré. Ainsi ne vueillez pas cósumer & depédre pour vo⁹ moquer de no⁹ ce sel dont vostre natió est priuee. Et à la verité si vo⁹ me voulez croire vous n'en ferez pas seulement l'experience, il n'est pas seant, il n'est pas permis, vous ne le pouuez faire. Et de vray à toy seul cela ne conuiét pas, qui en mœurs domesticques es poly & limé par la courtoisie & ciuilité de noz hómes, mais cóme il conuienne aux autres voz cópagnós, si est-ce q̃ principalement il conuient à l'endroit de celuy, qui a produit tels discours, homme sans art, sans lettres, courát sus à tous, sans aucune pointe d'esprit, sans authorité, sans grace. Ie dy doncques que par la prouidence

DE LA NATVRE DES

desDieux, & le monde & toutes les parties du monde, dés le commencement ont esté establies, & en tout temps sont administrees, & diuisent les nostres toute ceste dispute en trois parties. Desquelles la premiere partie est celle qui est tiree de la raison qui enseigne qu'il est des Dieux, ce qu'estant accordé, il faut confesser que par leur conseil le monde est administré & gouuerné. La seconde, est celle qui monstre que toutes choses sont subiettes à la nature sentante, & que d'icelle toutes choses sont faittes en beauté souueraine : ce qu'estant presupposé, s'ensuit qu'elle est engendree de principes animants. Le tiers lieu est celuy qui est tiré de la merueille des choses celestes & terriennes.

Premierement doncques, ou il faut denier qu'il est des Dieux, ce que denie aucunement & Democrite, & Epicure, l'vn introduisant des simulachres, & l'autre des images, ou ceux qui accordent qu'il est des Dieux, il leur faut confesser qu'ils font quelque chose, voire quelque chose d'excellent. Or n'y a-il rien plus excellent que l'administration & gouuernemét du monde, il est donc administré & gouuerné par le conseil des Dieux. Que s'il est autrement, sans doute il est necessaire qu'il y ait quelque chose de meilleur & doüee de plus grande puissance, que ne sont les Dieux, quelle qu'elle soit, ou nature inanimee, ou vne necessité de grande force incitee, qui fait les tresbeaux ouurages que nous voyons.

Doncques la nature des Dieux n'est pas tres-puissante

sante, & excellente, s'il est ainsi qu'elle soit subiette ou à ceste necessité, ou à la nature par laquelle le ciel, les mers & les terres sont gouuernees. Or n'est-il rien plus excellent que Dieu, il est doncques necessaire que le monde soit par luy gouuerné. Dieu n'est donc obeyssant ny subiet d'aucune nature, il gouuerne donc toute la nature.

Car si nous concedons que les Dieux sont entendans, nous concedons aussi qu'ils sont preuoyans & pouruoyans, voire à choses tres-grandes. Ignorent ils doncques qui sont les choses tres-grandes, & par quelle maniere il les faut manier & conseruer, ou bien s'ils n'ont point la puissance pour porter & soustenir choses tant grandes? toutesfois l'ignorance des choses est estrange de la nature des Dieux, & la difficulté de supporter la charge pour l'imbecillité ne tombe point en la maiesté des Dieux: dequoy s'ensuit ce que nous voulons, que par la prouidence des Dieux le monde est administré & gouuerné.

Or est-il necessaire, puis qu'il est des Dieux, voire s'il en est, comme à la verité il en est, qu'ils soient animans, & non seulement animans : mais aussi douëz de raison, & entr'eux comme par vne societé & concorde ciuile conioints & alliez, qui gouuernent le monde comme vne Republicque, & cité commune.

S'ensuit donc qu'en eux soit la mesme raison qui est au genre humain, que la mesme verité soit de part & d'autre, la mesme loy, qui commande ce qui est

P iij

droit, & reiette ce qui est peruers & inique. Dont on peut entendre que la prudence aussi & l'entendement est paruenu des Dieux aux hommes, & pour ceste cause par les ordonnances de noz deuanciers la Pensee, la Foy, la Vertu, la Concorde ont esté publicquement consacrees & dediees. Et comme conuiendroit il mescongnoistre qu'elles sont entre les Dieux, veu que nous venerons leurs simulachres, augustes & saints? que si en la race des hommes, est la Pensee, la Foy, la Vertu, la Concorde, d'où est-ce qu'elles ont peu decouler en terre, sinon des superieurs? d'auātage ce qui est en noꝰ, le cōseil, la raison, la prudence, il est necessaire que les Dieux les ayent plus grandes, & non seulement qu'ils les ayent: mais aussi qu'ils en vsent en choses tref-grandes & tref-bonnes. Or n'y a-il rien ny plus grand, ny meilleur que le monde, il est donc necessaire qu'il soit administré par le conseil & prudence des Dieux. Finablement puis que nous auons assez monstré ceux là estre Dieux, desquels nous voyons la face illustre, ie dy le Soleil, & la Lune, & les Estoilles errantes & non-errantes, & le ciel, & le monde mesme, & la vertu des choses qui seroient en tout le monde auecques grand vsage & commodité du genre humain, s'ensuit que tout est gouuerné par la Pensee & Prudence diuine.

Et soit assez dit de la premiere partie, s'ensuit que ie monstre que toutes choses sont subiettes à la

nature

nature, & qu'elles sont fort bien & bellement entretenuës d'icelles. Mais auant la main il faut brief-
uement desployer que c'est que la nature, à fin
qu'on puisse plus aisément entendre ce que nous
voulons enseigner.

Car aucuns estiment la nature estre vne certaine vertu, qui sans raison excite les mouuements
aux corps necessaires.

Les autres que c'est vne puissance participante
de raison & d'ordre, comme marchant à la trace,
& declarant que c'est qu'elle fait pour chacune cause, & que c'est qui ensuit, l'industrie de laquelle ny
art, ny main, ny aucun artisan ne peut atteindre par
imitation.

Car la vertu de la semence est si grande qu'encores qu'elle soit tres-petite, toutesfois si elle tombe
en la nature conceuante, & comprenante, de laquelle elle puisse estre nourrie & augmentee, elle
les forme, & fait en chasque genre de sorte, que
en partie elles sont nourries par leurs racines, que
en partie aussi elles puissent mouuoir, & sentir,
& appeter, & de soy engendrer choses semblables
à elles.

Or il y en a qui appellent toutes choses du nom
de nature, comme Epicure, qui fait telle diuision,
que toutes choses qui sont en nature, sont ou corps,
ou vuide, & ce qui leur aduient. Mais nous,
quand nous disons que le monde consiste, & est

administré par nature, nous ne difons pas comme vne motte, ou vn morceau de pierre, ou telle autre chofe, fans aucune nature d'alliance, mais comme vn arbre, comme vn animal, aufquels nulle temerité, ains ou l'ordre apparoift & quelque reffemblance d'artifice.

Que fi les chofes qui par leurs racines font côtenuës de la terre, viuent & ont vigueur par l'art de nature, certainement la terre mefme par la mefme puiffance eft contenuë de l'art de nature, comme celle qui de femences engroffie & feconde produit & refpand tout de foy, embraffant les plantes, les nourrit & augmente, & elle mefme à fa fois eft nourrie des natures de dehors & fuperieures, & de fes expirations & vapeurs, l'Air & l'Ether, & tous les corps fuperieurs fe nourriffent.

Si doncques la nature eft maintenuë & enuigouree, il y a mefme raifon au refte du monde : car les plantes font iointes à la terre, & les animants fe fouftiennent par l'afpiration de l'air, & l'air mefme void auecques nous, oyd auecques nous, fonne auecques nous.

Car rien de ces chofes ne fe peut faire fans luy, voire mefme il fe meut auec nous. Car quelque part que nous allions, quelque part que nous mouuions, il femble quafi nous faire place & ceder : & les chofes qui tendent au milieu du monde, qui eft infinie, & celles qui du milieu tendent en haut, & celles encores qui d'vne conuerfion rôde font portees à l'entour

tour du milieu, icelles font la nature du monde vnique & continuë. Et comme il y ait quatre fortes de corps, par leur viciſſitude eſt continuee la nature du monde. Car de la Terre, l'Eau, de l'Eau, l'air prend naiſſance, de l'Air, l'Ether, puis de rechef au rebours de l'Ether, l'Air, puis de l'Air, l'Eau, & de l'Eau, la Terre infinie. Ainſi telles natures dont toutes les autres conſiſtent, paſſans haut & bas, & de part & d'autre, eſt maintenuë la conionction des parties du monde, laquelle il eſt neceſſaire ou quelle ſoit ſempiternelle par le meſme ornement que nous voyons, ou certainement de treſlongue duree, demeurant permanente iuſques à vn long temps & preſque immenſe, or ſoit l'vn ou l'autre, il ſ'enſuit que le monde eſt adminiſtré par nature. Car quelle nauigation de flotte de nauires, ou quelle ordonnance d'armee, ou de rechef (à fin que nous comparions ce que la nature fait) quel prouignement de vigne ou procreation d'arbre, quelle figure d'animant, & conformation de membres ſignifie tant grande induſtrie & artifice de nature, comme fait le monde? ou il n'y a donc rien qui ſoit gouuerné par nature ſentante, ou il faut confeſſer que le monde en eſt gouuerné. Car celuy qui contient toutes les autres natures, & leurs ſemences, comme peut il n'eſtre adminiſtré par nature: comme ſi quelqu'vn diſoit que par nature ſont les dents & le poil amoureux: & que l'homme où telles choſes ſont, ne conſiſtaſt point par nature, il n'entendroit pas que ce qui produit quelque

Q

DE LA NATVRE DES

chose de soy, a des natures plus parfaittes, que n'ont les choses qui en sont produittes. Or de toutes les choses q̃ sont administrees par nature, le mõde en est semeur & autheur, & pour dire aĩsi le pere & le nourricier, & nourrit & contient toutes choses cõme ses membres & parties. Que si les parties du mõde sont administrees par nature, il est necessaire que le monde mesme soit par nature administré. Duquel certainement l'administration & gouuernement n'a rien en soy qu'on puisse reprendre. Car des natures qui estoient, a esté fait ce qui pouuoit estre fait de meilleur. Que dõc quelqu'vn monstre que quelque chose de meilleur a peu estre faitte, mais nul ne le monstrera iamais, & si quelqu'vn y veut corriger quelque chose, ou il la fera pire, ou bien il desirera ce qui ne se peut faire. Que si toutes les parties du monde sont establies de sorte, qu'elles n'eussent peu estre ny meilleures pour l'vsage, ny plus belles en apparence, voyons si elles sont fortuites, ou de tel estat, qu'elles n'y pourroient estre aucunement iointes & alliees, fors par vn sens moderant & diuine prouidence. Si donc les choses sont meilleures par nature, que celles qui sont par art parfaittes, & que l'art ne face rien sans raison, certainement ny la nature aussi ne doit pas estre estimee de raison despourueuë. Comme est-il donc conuenable quand tu vois vne image ou tableau depeint, de cognoistre que l'art y a esté adiousté, & quand tu as apperceu de loing le cours d'vne nauire, ne douter point qu'elle ne soit meuë par raison & par

art:

art:ou quãd tu cõtéples vn quadrã ou deſcrit, ou Hydraulique, & cauſé par l'eau, entẽdre q̃ les heures ſont declarees par art, nõ par cas d'auẽture, & penſer que le monde qui cõtiẽt & ces arts & leurs artiſans voire toutes choſes, ſoit priué de cõſeil & raiſon. Que ſi q̃lqu'vn auoit porté ou en la Scythie ou en la Bretagne la Sphere que n'agueres a faitte noſtre familier Poſſidoine, de laquelle chacune des cõuerſiõs font le meſme au Soleil, & en la Lune, & aux cinq eſtoilles errátes cõme il ſe fait au ciel par chaſque iour & nuit, qui eſt ce qui pourra douter en telle barbarie, que ceſte Sphere ne ſoit parfaitte par raiſon ? & toutesfois ils doutẽt du mõde duquel naiſſent & ſont faittes toutes choſes, à ſçauoir s'il a eſté fait par cas d'aduenture, ou par quelque neceſſité, ou par raiſon, ou par diuine péſee: & péſent qu'Archimede ait plus valu à imiter les cõuerſiõs de la Sphere, que la nature à les faire: principalemẽt veu que telles choſes en pluſieurs parties ſont parfaittes plus induſtrieuſement que celles-cy ne ſont imitees. Et cõme ce paſteur en Accius, qui iamais au parauãt n'ayãt veu de nauire, cõme de loin il apperceut d'vn haut lieu le diuin & nouueau chariot des Argonautes, premieremẽt eſbahy & tout eſtonné il parle en ceſte maniere.

Si grand machine coule,
 Fremiſſante d'enhaut d'vn ſon & bruit qui croule,
 Elle tourne auant ſoy les ondes & les flots,
 Par grand force elle meut les tortillons enclos,
 Elle tombe acautee, & reſpand l'eau marine,

Q ij

DE LA NATVRE DES

De sorte qu'on croiroit que de telle machine
La pluye entrerompue allast vireuoutant,
Ainsi qu'vn haut rocher que vents vont agitant
Que pousse la tempeste, ou bien les boules rondes
Des tourbillons frappez par le concours des ondes.
Sinon qu'ores la mer vn éclandre euident,
Aille en terre excitant, ou Triton d'vn trident,
Possible renuersant des cauernes les ventres
En la mer ondoyant du plus profond des antres
Ainsi violemment la meule d'vn rocher,
Pousse deuers le ciel, & la face élocher.

Il doute premierement quelle est ceste nature qu'il regarde incogneuë, & luy mesme apperceuant les ieunes hommes, & oyant le chant nautique.

Comme alaigres & prompts dedans les flots marins,
De leurs groins esleuez fremissent les Dauphins,
Et tout semblable chant aux oreilles rapporte,
Comme en voix de Syluan, & son de mesme sorte.

Doncques comme cestuy d'vne premiere veuë pése veoir quelque chose d'inanimé & priué de sens, puis apres commence de soupçonner par signes plus certains quel est cela dont il doutoit : ainsi ont deu les Philosophes, si d'auanture la premiere veuë du monde les auoit troublez, apres qu'ils eurent veuz ses mouuements finiz & esgalez, & toutes choses gouuernees par ordres certains, & constance immuable, entendre qu'il y auoit quelqu'vn non seulement habitateur en ceste celeste & diuine maison, mais aussi vn gouuerneur & moderateur, & comme l'Architecte

DIEVX LIVRE II.

l'Architecte d'vn si grand ouurage, & d'vn si grand office. Mais maintenant ils me semblent n'auoir pas seulement soupçonné combien est grande la merueille des choses celestes & terrestres. Car en premier lieu la terre est assise en la moyenne partie du monde, entouree de tous costez de celle amiable & spirable nature, qui se nomme l'Air, mot voirement Grec, mais toutesfois ia receu par vsance entre les nostres, car il est ia vsité au Latin & François. Cestuy de rechef est embrassé de l'Ether immense, qui consiste de feus tref-hauts. Empruntons encores ce mot, & soit dit aussi bien en François, comme en Grec & en Latin, Ether, ainsi comme l'Air, encores que Pacuuius l'interprete ainsi.

Ce que ie r'amentoy aux nostres sont les cieux,
Ether il est nommé entre les Gregeois vieux.

Comme si vn Grec ne disoit pas cela. Mais il parle Latin, voire car nous ne l'escoutons pas comme parlant Grec, luy mesme enseigne en autre endroit.

La Gregeoise oraison cecy mieux nous descouure.

Mais reuenons à ce qui est de plus grande importance de l'Ether, doncques sont flammes innombrables des Estoilles, desquelles le Soleil est Prince illuminant toutes choses de sa lumiere tref-claire, qui de plusieurs parties est plus grand & plus ample que n'est la terre vniuerselle, puis les autres de grandeurs immenses.

Or si grands feus & si dru semez non seulement ne nuisent de rien aux terres, & aux choses terrestres:

Q iiij

mais leur proffitent de sorte, que s'ils estoient remuez de leur lieu, il seroit necessaire que les terres bruslassent, estant le temperament & la moderation ostee à des ardeurs si grandes. M'esmerueilleray-ie point en cest endroit qu'il se trouue quelqu'vn qui se persuade que certains corps solides & indiuiduz sont emportez par violence & grauité, & que le monde est fait tresorné & tresbeau de la fortuite rencontre de tels corps ? celuy qui estime que cela se peut faire. Ie n'enten point pourquoy il ne pense aussi, si formes innombrables de vingt & deux lettres ou d'or ou d'vne autre matiere, estoient iettees ensemble en quelque lieu, que d'icelles escousses en terre se feissent les Annales d'Ennius tellement que depuis on les peust lire, & certes ie ne sçay si en vn seul vers pourroit tant valoir la fortune. Et comment est-ce que ceux-cy affermét, que de petits corps nõ doüez de couleur, ny d'aucune qualité que les Grecs appellent ποιότητα, ny d'aucun sens, ains se rencontrans temerairement & à la volee, le monde ait esté parfait, on plustost qu'à chasque point de temps des mondes innombrables en naissent & perissent ? que si la rencontre des atomes peut faire le monde, pourquoy ne peut elle faire vn portique, pourquoy vn temple, pourquoy vne maison, pourquoy vne ville, qui sont œuures moins laborieux & beaucoup plus faciles ? à la verité ils babillent si temerairement du monde qu'ils me semblent n'auoir iamais contemplé cest admirable ornement du ciel, qui est le lieu
plus

DIEVX LIVRE II. 60

plus prochain. Doncques Aristote elegamment, s'il y en auoit aucuns, dit-il, qui eussent tousiours habité soubs terre, en belles & claires maisons, qui fussent ornees de signes & peintures, & fournies de toutes les choses en quoy abondent ceux qu'on estime les bien-heureux, & toutesfois ne fussent iamais sortis sur la terre : mais eussent entendu par bruit & renommee qu'il y a quelque diuinité & puissance des Dieux, puis quelque temps apres estans ouuertes les bouches de la terre, s'ils sortoient de ces demeures cachez en ces lieux que nous habitons, lors que soudainement ils verroient & la terre, & les mers, & le ciel, qu'ils cognoistroient la grandeur des nuës, la puissance des vents, & contempleroient le Soleil, & tant sa grandeur que sa beauté, & en cognoistroient l'efficace, que c'est luy qui fait le iour, estant sa lumiere par tout le ciel espanduë : puis quand la nuit auroit obscurcy les terres si lors ils remiroient tout le ciel distingué & orné d'Estoilles, & la varieté des illuminaisons de la Lune tant croissante qu'enuieillissante, & le leuer & le coucher de toutes icelles, & en toute eternité leurs cours certaĩs & immuables. Quãd ils verroient dy-ie, ces choses, certainemẽt ils estimeroiẽt & qu'il est des Dieux, & que si grãdes choses sont des Dieux les ouurages. Voila qu'il dit: mais de noº, pẽsons que il y ait des tenebres si grãdes, cõme on dit qu'elles furẽt iadis, quãd par la vehemẽte sortie des feuz d'Ethna les regions voisines furent obscurcies, de sorte

DE LA NATVRE DES
que par l'efpace de deux iours vn homme ne pouuoit cognoiftre vn autre homme : & comme au tiers iour le Soleil luifift, lors il leur fembla qu'ils eftoient comme reffufcitez.

Que fi le mefme eftoit aduenu de toute eternité, tellement que tout foudain nous apperceuffions la lumiere, quelle nous fembleroit l'apparence du ciel? mais par l'affiduité & couftume ordinaire des yeux les efprits s'accouftument, & ne s'efmerueillent, ny ne requierent les raifons des chofes, qu'ils voyent toufiours, comme fi la nouueauté pluftoft que la grandeur des chofes nous deuoit efmouuoir à en chercher les caufes. Car qui eft ce qui dira celuy-là eftre homme, lequel ayant veu tant certains mouuemens du ciel, ordres des Aftres tant reiglez, & toutes chofes entr'elles fi cointement & proprement agencees, deniera qu'en icelles y ait aucune raifon, & dira que cela fe fait par cas d'aduenture, veu que par aucun confeil nous ne pouuons atteindre de combien grand confeil elles font demenees & entretenuës? que fi lors que nous voyons par engins mouuoir quelque chofe, comme vne Sphere, comme vne horloge, & plufieurs autres tels inftrumēts, nous ne doutons point que ce ne foient ouurages de raifon : & quand nous voyons l'impetuofité du ciel eftre meuë & tournee d'vne viftefle admirable, qui tref-conftamment acheue fes viciffitudes annuelles auec le fouuerain falut & cōferuation de toutes chofes, douterons nous que telles chofes ne fe facent

non

non seulement par raison : mais aussi par vne raison excellente & diuine ? car il est loisible maintenant, mise arriere toute subtilité de disputer, de contépler aucunement la beauté des choses, lesquelles nous disons auoir esté establies par la diuine Prouidence. Et en premier lieu qu'on regarde la terre assise au moyé siege du monde, solide & ronde, & de toutes parts par son propre pois en soy-mesme arrondie, vestuë de fleurs, herbes, arbres, & bleds. De toutes lesquelles l'incroyable multitude est distinguee d'vne varieté insatiable. Adioustez y les perennelles froideurs des fontaines, les transparentes liqueurs des riuieres, les tapisseries verdoyantes des riuages, les creuses profondeurs des cauernes, les aspretez des rochers, les hauteurs des montagnes pendantes, & les campagnes desmesurees. Adioustez y encores les veines cachees de l'or & de l'argent, & la puissance du marbre infinie. Mais quels & combien diuers genres de bestes soient priuees, ou sauuages ? quelles cheutes & quels chants d'oiseaux ? quelle pasture de bestes domesticques, quelle vie des forestieres ? que diray-ie maintenant de la race des hommes, qui estans establiz comme laboureurs de la terre ne permettent ny qu'elle deuienne cruelle par la fiereté des bestes farouches, ny qu'elle soit gastee par l'aspreté des plates, & par les œuures desquels les champs, les Isles, les riuages reluisent distinguez de maisons & de villes ? lesquelles choses si nous les pouuions veoir des yeux corporels aussi bien comme des esprits, nul

R

DE LA NATVRE DES
voyant toute la terre ne douteroit de la raison diuine. Mais combien est grande la beauté de la mer? quelle est l'apparence de l'vniuers? quelle multitude & varieté des isles? quelles amenitez des orees & riuages? cōbien de sortes & cōbien differētes de bestes en partie sommergees, en partie flotantes & nageantes, & en partie de leurs escailes naïfues adherētes aux rochers? or icelle mer appetant la terre, l'enferme tellement de ses riuages, que de deux natures elle semble n'estre faite qu'vne. Apres l'air voisin & contigu de la mer est distingué du iour & de la nuit. Et iceluy ores espandu & attenué est porté en haut, ores amassé s'espoissit en nuees, & recueillant l'humeur, de pluyes augmente la terre, & ores coulant çà & là nous engendre les vents. Iceluy mesme fait les varietez annuelles des froidures & des chaleurs. Et iceluy mesme soustient le vol des oiseaux, & attiré de l'haleine nourrit & sustente les animaux. Reste le dernier & le plus haut esleué de noz domicilles, le pourpris du ciel qui tout ceint & reserre, lequel encores s'appelle Ether, l'extreme orée & la haye du monde, auquel d'vne merueille tresgrande les formes ignees acheuent leurs cours ordonnez. Desquels le Soleil, qui en grandeur de plusieurs parts surmonte la nature, se tourne à l'entour d'elle, & iceluy leuant & couchant fait le iour & la nuit. Et ores s'approchant, puis tantost se retirant fait tous les ans deux retours de l'extremité contraire, par lequel interualle comme d'vne tristesse il estreint la terre, puis de rechef la
resiouit,

DIEVX LIVRE II.

resiouit, de sorte qu'il semble qu'auecques le ciel elle soit egayee. Et la Lune qui est (comme demonstrent les Mathematiciens) plus grande que la moitié de la terre, se pourmeine aux mesmes espaces que le Soleil, mais se rencontrant maintenant auecques le Soleil, & puis tantost s'en esloignant, & la lumiere qu'elle emprunte du Soleil, elle la depart aux terres, laquelle aussi a diuerses mutations de lumiere. Et mesmes tantost sommise, tantost opposite au Soleil, elle obscurcit ses rayons & lumiere, & tantost elle mesme tombant droit en l'ombre de la terre, quand elle est vis à vis du Soleil par l'interposition & entreiet de la terre, soudain elle deffaut. Et aux mesmes espaces les Estoilles que nous appellons vagabondes & errantes, sont portees enuiron la terre & se leuent & couchent en la mesme maniere, desquelles les mouuements ores sont incitez, & ores retardez, & souuentesfois aussi s'arrestent, qui est vn tel spectacle, que rien ne se peut veoir de plus admirable, ny rien de plus beau.

S'ensuit vne grande multitude d'estoilles non-errantes desquelles la distinction est tellement descritte, qu'elles ont trouué nom de la similitude des figures cogneuës.

Et en cest endroit me regardant, i'vseray dit-il, des vers d'Arate, qui ayans esté traduits de toy encores fort ieune, me delectent tellement pour ce qu'ils sont Latins, que i'en tien

R ij

DE LA NATVRE DES

plusieurs en la memoire. Doncques comme assiduellement nous voyons des yeux, sans aucune mutation ou varieté.

Tous les celestes corps roulent d'vn roide tour
Et auecques le ciel vont la nuit & le iour.

De la contemplation desquels nul esprit ne se peut assouuir desirant veoir la constance de nature.

Et l'extreme coupeau que double gond accolle
Des Arabes Koteb, & des Grecs est dit Pole:
Tout à l'entour desquels deux Ourses font leurs cours
Qui ne couchent iamais, ains se monstrent tousiours,
L'vne entre les Gregeois Cynosure est nommee,
L'autre on dit Helicé.

Desquelles toutes les nuits nous voyós les Estoilles tresclaires.

Que souloient les Latins Septentrions nommer:
Et nous le chariot, le guide de la mer.

Et d'estoilles pareilles semblablement distinctes discourt le mesme gond du ciel la Cynosure.

A sa guide la nuit se commettent aux flots,
Les vaisseaux de Phenice auec leurs matelots:
Mais on void resplendir beaucoup plus la premiere.
D'estoilles distinguee & de plus grand lumiere,
Qui au large & au loing esclaire au ciel & luit.
Et se fait veoir si tost que commence la nuit
Mais l'autre est plus petite, & de plus grand vsage
A ceux qui sont experts en l'art du nauigage.
Car d'vn cours & d'vn corps par dedans assouply

Elle se

DIEVX LIVRE II.

Elle se tourne & vire en un moindre reply.

Parquoy est d'autant plus admirable l'aspect de ces Estoilles.

Entre elles le dragon ainsi qu'une riuiere
De prompt & roide cours, deuuide sa carriere,
Tant dessus que dessous à dos courbé glissant,
Et en plis & replis son corps estrecissant.

D'iceluy, comme toute l'apparence soit tresbelle, sur tout est spectable la figure de sa teste & l'ardeur de ses yeux.

A luy non seulement un astre orne la teste,
Ains de deux lamperons rayonne manifeste,
Et de ses yeux cruels ardent deux astres clairs
Et un à son menton brille de druz esclairs,
On diroit à le veoir que sa teste pointuë
Et son col replié de ficher s'esuertuë
(Tandis que par le ciel il glisse & fait son cours)
En la queuë que tire apres soy le grand Ours.

Et nous voyons toutes les nuits le reste du corps du Dragon.

Iceluy tout soudain nous cache un peu son chef
Quand leuant en partie, & couchant de rechef,
Ensemble il est meslé : à son chef va touchant
Le pourtrait trauaillé d'un homme se faschant
Que nomme Engonasis des Grecs la vieille tourbe
Par ce qu'en se mouuant sur les genoux se courbe
Derriere luy se void la couronne brillant
Qui a maint écarboucle autour estincelant,
Mais par deuant son chef le Serpentier esclaire,

R iij

DE LA NATVRE DES

Qu'en Grec ὀφιοῦχον on nomme dans la Sphere,
Cestuy par deux endroits de ses deux mains estreint
Le Serpent qui s'allonge, & tout le corps luy ceint
Mais luy d'un contrefort assied sa plante expresse
Dessus le Scorpion, & sa poitrine presse.

Or ensuit les Septentrions.

Bootes que l'on dit de l'ourse gardien
Par ce que deuant soy comme d'un timon sien
Il esbranle & esmeut vne Ourse à luy coniointe.

Puis celles qui ensuiuent.

Car à ce Bootes qui tient l'espieu en pointe,
Entre les cuisses luit vn astre radieux
Qui d'Arcture a le nom vne lampe des cieux,
Et comme soubs ses pieds se meut la vierge Astree
Portant en main l'espic de splendeur accoustree.

Et sont tellement ces signes mesurez, qu'en si grandes descriptions & peintures apparoist la diuine Prouidence.

Dessous le chef de l'Ours tu veois les deux Gemeaux
Et le Cancre les suit auec fourchus rameaux
Puis aux pieds est sommis le Lyon de Nemee
Qui de son corps esbranle vne estoille enflammee
A la gauche est porté le chartier Erichton
Caché soubs les Gemeaux, Helice au fier menton
Regarde vis à vis sa teste toute nue:
A son espaule gauche est la cheure cogneue
Qui porte vn signe clair, & vn astre assez grand.
Mais celuy des Cabris vn moindre feu nous rand
Dessous les pieds desquels le thoreau port'-Europe

Lié

DIEVX LIVRE II. 64

Lié d'un corps puissant reluit de maint Pyrope.
Sa teste est parsemee de frequentes Estoilles:
La coustume des Grecs les nomme les Hyades.
De la pluye, car ὕειν signifie plouuoir, les Latins ignoramment les ont nommees *Suculæ*, comme si elles s'appelloient à *suibus* des pourceaux, & non pas des pluyes. Et Cephee les bras ouuerts suit par derriere le moindre Septentrion.

Car tout droit vers le dos de l'Ourse Cynosure
Se tourne de ce Roy la celeste peinture,
Lequel est deuancé de la Cassiopé
Auec l'obscur pourtrait d'Estoilles enueloppé,
Et en illustre corps est tournee aupres d'elle
Andromede qui fuit auec sa face belle
Mais triste le regard de son pere en douleur,
Le cheual esbranlant ses crins pleins de lueur
Du ventre va touchant au sommet de sa teste,
Et d'un astre ioignant en splendeur manifeste
Deux formes va liant, auec vouloir d'vnir
L'eternel neu des camps, & de l'entretenir.
Apres suit le Belier à corne double torte,
Lequel du nouuel An vient debarrer la porte,
Pres luy sont les Poissons, l'vn desquels deuant luy
Vient quelque peu glissant, & plus deuers l'appuy
Et le gond d'Aquilon sent l'horreur de Boree.
Pres des pieds d'Andromede, & triste & esploree
Persee on void luisant, que le gosier felon
Du vent Nort va soufflant de la part d'Aquilon.
Dessous son gauche pied tu verras la lumiere

DE LA NATVRE DES

Des Pleiades en rond, qu'on dit la Poussiniere.
La Lyre d'autre part d'Estoilles resplendit
Qui iusques aux Enfers le chemin se fendit
Celle dont les forests suiuirent l'accordance
Mene ores dans le ciel les Astres à la danse
Puis l'oiseau consacré à Phebus pour son chant
A ce doux instrument de son bec va touchant.
 Et de la teste du cheual, s'approche la teste duverseau, puis apres le verseau tout entier.
 Le Cheure-corne apres qui de poitrine forte
Respire froid, gelé, au grand rond qui le porte
Auquel quand le Soleil s'est assez escarté
Et qu'au temps de l'Hyuer l'a vestu de clarté
Il destourne son cours, puis d'vne espace bresue
On void le Scorpion lequel en haut se leue
Tirant auec l'effort de son corps replié
Ainsi qu'vn arc tendu & courbement plié
Pres duquel drille clair auec son beau plumage
Le Vautour bas tombant: & la royale image
De l'Aigle au corps ardent qui vole au ciel sans fin
Auecques la Sagette, & l'amoureux Dauphin,
Puis apres Orion luisant en corps oblique,
Auecques son Baudrier à trois clous magnifique
Le Lieure suit apres, lequel d'vn corps lassé
N'arreste point son cours encor' au ciel chassé
Mais la grand Nef Argon en la courtine bleuë,
Glissant tombe tout droit du grand chien à la queuë
Le Mouton la nous couure en toison esmaillé
Auecques la Baleine au grand corps escaillé,

           Qui au

DIEVX LIVRE II.

Qui au ciel azuré ores noüant se treuue
Tout aupres d'Eridan le long & large fleuue
Tu la verras de loing & glisser & couler
Auec les longs liens, qui viennent accoller
Les poissons de Venus, puis aupres de la pointe
Du Scorpion luisant, verras la forme iointe
De l'autel de Victoire, où va soufflant autour
Pour allumer son feu, l'esprit chaud du My-iour
Le Centaure est aupres my-cheual & my-homme
Et la Liure qui tient soubs sa balance Romme
Il tend sa dextre main, la part qu'vn grand loup gris
Marchant à quatre pieds, se void arresté, pris
Pour estre sur l'autel offert en sacrifice
Puis se leue d'embas l'Hydre qui noüe & glisse
D'vn corps long espandu, & en son reply beau
Reluist la coupe d'or, & le tardif Corbeau,
Auec son bec pointu picque la part extreme,
Qui d'vn corps emplumé, reluist aussi luy-mesme
Et dessous tous les deux iette vn ardent rayon
L'Auant-chien que les Grecs ont nommé Procyon.

Si peut-il trouuer quelqu'vn de bon & sain iugement qui estime que toute ceste description d'Astres, & vn si grand ornement du ciel ait peu estre fait de corps temerairement & à la volee se rencontrans çà & là? ou bien quelque autre nature que celle qui est doüee d'entendement & de raison, a elle peu faire ces choses, qui non seulement ont eu besoing de raison pour estre faittes : mais aussi en peuuent estre entenduës sans vne raison souue-

DE LA NATVRE DES

raine? & non seulement ces choses sont admirables, mais il n'y a rien plus grand, que de veoir que le monde est si stable, & est si bien conioint pour demeurer, que rien de plus propre ne peut estre pourpensé: car toutes ces parties de tous costez tendans au milieu se contreforcent esgallement.

Et mesmement les corps alliez ensemble, demeurent permanents comme estans d'vn certain lien à l'enuiron liez, ce que fait celle nature qui est espanduë par tout le monde, accomplissant toutes choses par entendement & raison, & rauit & conuertit au milieu les fins & les extremitez.

Parquoy si le monde est rond en forme de boulle, & que pour ceste cause toutes ses parties esgalles entr'elles sont par soy contenuës, & entre soy-mesme, il est de besoing que le mesme arriue à la terre, de sorte que toutes ses parties tendantes au milieu (ores ce milieu est l'infinie partie en la Sphere) rien n'entrerompe ny n'interuienne d'où puisse estre ruinee telle contention de grauité & de poids.

Et par mesme raison comme la mer soit sur la terre, appetant toutesfois de la terre le milieu, elle est arrondie de toutes parts esgallement & iamais ne redonde, ny n'est espanduë. Sur laquelle est porté l'air contigu d'vne legereté sublime, mais toutesfois il se respand en toutes les parties.

Et pourtant il est & continu & conioint à la mer, & naturellement se meut vers le ciel, & i-
celuy

DIEVX LIVRE II.

celuy temperé de la subtilité & chaleur Etherée donne aux animans vn esprit vital & salutaire. Et l'embrassant celle partie qu'on nomme Etherée, elle retient son ardeur deliee & non espoissie d'aucune meslange, & est coniointe auecques l'extremité de l'Air.

Or en l'Ether se tournent les Astres qui se maintiennent arrondis en eux mesmes & par leur forme & figure soustiennent les moments : car ils sont ronds, ausquelles formes, comme il me souuient auoir dit cy deuant, on ne peut porter nuisance. Et les Estoilles par nature enflammees pourtant sont elles nourries des vapeurs de la terre, de la mer, & des eaux, qui sont par le Soleil excitees tant des champs attiedis, que des eaux, & les estoilles & tout l'Ether en estans nourries les respandent aussi, puis de rechef les retirent, de maniere que rien ne se perd, ou bien peu, que le feu des Astres & la flamme de l'Ether consume.

D'où les nostres estiment qu'auiendra ce dequoy ils disent Panece auoir douté, c'est qu'à la fin tout le monde deuiendroit en feu, lors que l'humeur consumee ny la terre ne pourroit estre nourrie, n'y n'ondoyeroit l'air, qui ne pourroit aucunement auoir naissance estant toute l'eau espuisee: ainsi ne resteroit-il rien sinon le feu, duquel animant derechef se feroit de Dieu le renouuellement du monde, & renaistroit le mesme ornement. Ie ne veux point vous sembler trop lōg à discourir de la nature & raison des Estoilles, & mesmement de celles qui sont dittes errantes, desquelles si grande est l'accordance, resultant de mouuements diuers, que comme la plus haute de Saturne refroidisse, la moyenne de Mars embraze, celle de Iupiter estant mise entre deux illustre & tempere, & dessoubs Mars les deux autres obeissent au Soleil, le mesme Soleil remplit tout le monde de sa lumiere, & d'iceluy la Lune illuminee apporte les grossesses & enfantemens, & les maturitez d'engendrer.

Lequel accouplement des choses, & comme vn assemblage de nature consentant à l'entretien & conseruation du monde, cestuy-là qu'il n'esmeut point, ie suis certain qu'il n'a iamais rien entendu de toutes ces choses.

Or sus à fin que nous venions des choses celestes aux terrestres, qui a-il en icelles en quoy n'apparoisse la raison de nature entendante? premierement les plantes qui sont engendrees de la terre donnent fermeté à celles qui sont soustenuës & qui tirent de la terre, le suc, duquel sont nourries celles qui tiennent par les racines, & qui sont enueloppees de l'escorce du tronc, à fin d'estre plus asseurees contre les froidures & chaleurs. Et quant aux vignes, elles auecques iettons retors, comme auecques des mains empoignant leurs eschalats & apuis & se dressent comme feroient des animants, voire si elles sont plantees aupres des choux, on dit qu'elles

leur

leur fuyent comme à choses pestiferes & nuisantes, & ne les touchent en aucune partie.

Et des animants combien est grande la varieté, combien grande la vertu, à celle fin que chacune soit permanente en son genre ? desquels les vns sont couuers de cuirs, les autres vestus de poil, les autres herissez d'espines: les autres nous voyons entourez de plume, les autres d'escaille, les autres estre armees de cornes, & les autres pour s'enfuir ont recours à leurs ailes. Or la nature largement & abondamment acquis aux animaux celle pasture qui à chacun estoit propre & conuenable. Ie pourrois ennombrer ce qui est aux figures des animaux pour prendre & digerer ceste pasture, & combien est industrieuse & subtile la description des parties, & combien admirable la fabricque des membres. Car toutes les choses qui sont dedans encloses, sont tellement nees, & tellement logees, que rien d'icelles n'est superflu, ny rien qui ne soit necessaire pour maintenir la vie. Et a donné la mesme nature le sens & l'appetit aux bestes, à fin que par l'vn elles s'efforçassent de prendre leurs pastures naturelles, & que par l'autre elles separassent les choses nuisibles des salutaires.

Or maintenant nous voyōs aucuns des animaux en marchant, les autres en rampant s'approcher de la pasture, les autres en volant, les autres en nageant, & prennent la viande en partie auec l'ouuerture, & les dents de la bouche, en partie la rauissent de la te-

S iij

nacité de leurs ongles, en partie de leur bec croche, les autres fuccent, les autres empietent, les autres deuorent, & les autres mangent. Mefmes des autres la baffeffe eft telle que de leur bec elles touchent facilement la viande terreftre : & celles qui font plus hautes, comme les oyes, comme les cygnes, comme les gruës, comme les chameaux font aidez de la longueur de leurs cols.

La main auffi a efté donnee aux elephans, d'autant que pour la grandeur de leurs corps ils auoient l'entree mal-aifee à la pafture. Mais aux beftes à qui la viande eftoit telle, qu'elles deuoient viure d'vne autre forte de pafture, nature leur à donné, ou la force, ou la viftefle, & à quelques vnes mefme à efté donnee l'inuention & induftrie, comme on void aux petites airaignes, les vnes tiffent comme vne rets, à fin que f'il f'y prend quelque moufche, elles la tuent, & les autres inopinément obferuent, & f'il y tombe quelque chofe la rauiffent, & confument. Mais la Nacre (que les Grecs nomment πίννα) Pinna, large de deux efcailles f'aflemble en compagnie auec la petite efquille pour chercher fa viande. Et pourtant quand les petits poiflons font entrez en fa conque entr'ouuerte, lors la Nacre aduertie par l'efquille preffe en mordant fes efcailles, ainfi communément aux petites beftes fort diffemblables eft quife la viande. En quoy faut admirer fçauoir fi par vne rencontre entre elles, ou bien dés leur naiffance telles natures ont efté accompagnees.

Il y a

DIEVX LIVRE II.

Il y a encores quelque merueille aux bestes aquatiques, celles dy-ie qui sont engendrees en terre, côme sont les crocodiles des fleuues & les tortuës, & quelques serpents nez hors de l'eau, incontinent que ils peuuent ramper ils poursuiuent l'eau. Mesmes souuent on met couuer sous les poulles les œufs des cannes, desquelles les petits escloz sont premierement nourriz d'elles comme de leurs meres, de qui ils ont esté escloz & couuez, puis apres ils les laissent, & s'enfuyent, suiuans l'eau tout incontinent qu'ils ont peu veoir leur maison naturelle, tant la nature a engendré aux animants vne grande garde pour se conseruer. I'ay leu aussi qu'il est escrit qu'il y a vn certain oiseau, qui est dit des Latins *Platalea*, laquelle cherche sa viande en volant aux oiseaux qui se plongent en la mer, lesquels comme ils en sont sortis, & ont pris du poisson, ils leur pressent en mordant les testes de sorte, que les autres sont contrains de lascher leur prise laquelle elle enuahit.

On escrit encores que le mesme oiseau a de coustume de s'emplir d'escailles de moulles & autres semblables, & depuis que par la chaleur de l'estomach il les a cuites & digerees, il les vomit, & ainsi choisit d'icelles ce qui est bon à manger.

Et on dit que les reines marines ont accoustumé de s'enuelopper d'areine, & qu'elles se meuuent pres de l'eau, ausquelles cõme les autres poissons arriuent cõme à leur propre viande ils sont tuez & consumez des raines. Le milan a vne guerre comme naturelle, auecques le corbeau: doncques quelque part que l'vn trouue les œufs de l'autre, il les casse. Mais qui pourroit ne s'esmerueiller de ce qu'à noté Aristote, qui a remarqué plusieurs proprietez de la nature des animaux? c'est que les gruës lors qu'elles outrepassent les mers cherchans les chaudes regions, elles font la forme d'vn triangle, & du bout de l'angle, d'iceluy l'air contraire est poussé, puis peu à peu de chasque costé comme de remes, ainsi des ailes des oiseaux leur cours est soulagé. Mais la base du triangle que font les gruës, est aidee des vents ainsi que de la poupe, & elles reposent leurs cols & leurs testes sur celles qui volent deuant. Ce que ne pouuant faire la guide, par ce qu'elle n'a où s'appuyer, reuole aussi à la queuë à fin qu'elle s'y repose, & en sa place succede l'vne de celles qui se sont reposees, & en tout leur cours est conseruee ceste vicissitude.

Ie pourrois bien produire plusieurs tels exemples: mais vous voyez le genre. Mais cela est encores plus notoire, à sçauoir combien diligément se gardent les bestes comme elle regardent tout à l'enuiron en leur pasture, & comme elles se cachent en leurs gistes & tanieres. Mais cela est admirable, qui a esté n'agueres trouué c'est à dire deuant peu de siecles, par les esprits des medecins, que les chiens se purgét par vomissement, & les Ibes Egyptiennes se garissent par clysteres d'eau marine. On tient pour vray que les Pantheres qui sont prinses en Barbarie

barie auec la chair enuenimee, ont vn certain remede, duquel ayans vsé elles ne meurent point. Et les Cheureuls en Candie ayans esté percez de sagettes enuenimees cherchent l'herbe qui se nomme Dictam, de laquelle ayans gousté, on dit que les sagettes tombent de leur corps. Et les Biches vn peu auāt qu'elles faonnent se purgent d'vne certaine petite herbe, qui est ditte Seselis. Or voyons nous comme chascune d'icelles contre la crainte & violence se defend de ses propres armes, les thoreaux de cornes, les sangliers de dents ou defenses, les lyons en mordant, les autres à la fuitte, les autres se gardent en se tapissant, les seches par l'effusion de l'ancre ou noire humeur, les torpiles par engourdissement, mesmes il y en a plusieurs qui repoussent ceux qui les suyuēt par leur puanteur intolerable. Mais à fin que l'ornement du monde fust perpetuel, la prouidence diuine a employé vn grand soin & diligence à ce que fussent tousiours & la race des bestes, & des arbres, & de toutes autres choses qui nourries en terre y sont contenuës ou par les racines, ou par les reiettōs. Toutes lesquelles choses ont en soy force de seméce si que d'vn plusieurs sont engendrez, & est ceste semence enclose en la plus intime partie des graines qui sont produittes de chasque pied d'herbe où d'arbre, & des mesmes semences sont nourris abondamment les hommes, & se remplissent les terres du renouuellement des plātes de mesme sorte. Que diray-ie combien grande est la raison aux bestes, &

T

combien elle apparoiſt pour la perpetuelle conſeruation de leur race? Car en premier lieu les vnes ſont
maſles, les autres femelles, ce que la nature a fait à
cauſe de perpetuité. Puis apres les parties du corps
treſaptes & conuenables pour procreer & cóceuoir,
& les voluptez merueilleuſes au maſle & en la fe-
melle à meſler leurs corps enſemble. Et quand la ſe-
mence eſt tombee aux lieux par elle ordonnez, elle
rauit à ſoy preſque toute la viande, & l'animal d'elle
entouré eſt feint & formé. Lequel comme il eſchap-
pe & ſort du ventre, aux animaux qui ſont nourriz
de laict, preſque toute la viande des meres commé-
ce à ſe conuertir en laict, & ceux qui ſont nez vn
peu au parauant, ſans maiſtre par la guyde de nature appettent les mammelles, & ſe ſoulent de leur a-
bondance. Et à fin que nous entendions que rien de
ces choſes n'eſt fortuit, ains que ce ſont toutes œuures d'vne prouoyante & induſtrieuſe nature,
celles qui produiſent pluſieurs petits, comme les
layes, comme les chiennes, à icelles a eſté donnee multitude de tettes, leſquelles ont en petit nombre celles beſtes, qui engendrent peu de petits. Que
diray-ie cóbien eſt gráde l'amour des beſtes à nourrir & conſeruer les petits qu'elles ont procreez iuſques à tant qu'ils ſe puiſſent euxmeſmes defendre?
Combié que les poiſſons (comme ils diſent) laiſſent
leurs œufs quand ils les ont engédrez, car facilemét
ils ſont ſouſtenuz de l'eau, & produiſent leur engeá-
ce. Mais ils diſent que les Tortuës & les Crocodiles
quand

DES DIEVX LIVRE II. 70

quād ils ont produit en terre leur engeāce, qu'ils enfouissent leurs œufs, puis se retirent, ainsi naissent ils & se nourrissent d'eux mesmes. Quand aux poulles, & aux autres oyseaux, ils cherchent vn lieu de repos pour pondre, & se bastissent des couches & des nids, lesquels ils agencent par dessoubs le plus mollement qu'il est possible, à fin que plus aisement les œufs se cōseruent, desquels quād ils ont escloz leurs poussins ils les gardent, de sorte qu'ils les couuēt & eschauffent soubs leurs aisles qu'ils ne soyēt offensez du froid, & s'il vient de la chaleur du Soleil, ils s'y opposent. Et lors que les poussins peuuent vser de leurs petites plumes, lors les meres poursuyuent leur vol & sont deliurees de l'autre soin. Et d'abondant en outre la conseruation d'aucuns animaux & le salut des autres choses que la terre engendre, est aussi considerable l'industrie & diligence des hommes. Car il y a plusieurs tant bestes que plantes, qui sans la procreation des hommes ne se peuuent conseruer. Et grandes & diuerses opportunitez se trouuent en lieux diuers pour l'ornement des hommes & leur abondance. Le Nil arrouse l'Egypte, & cōme tout l'esté il la tenuë toute couuerte & pleine de ses eaux, lors il se retire, & laisse les chāps amollis & engressez pour receuoir la semence. L'Eufrate rend fertile Mesopotamie, en laquelle tous les ans il apporte comme des chāps nouueaux. Et l'Inde qui est le plus grand de tous les fleuues, non seulement de son eau esgaye les chāps, & les adoucit, mais aussi les fecōde.

T ij

DE LA NATVRE DES

Car on dit qu'il porte auecſoy vne grande vertu de ſemences ſemblables au froment. Ie pourroy produire, & amener en auãt pluſieurs autres choſes memorables en autres lieux, & pluſieurs diuerſes champagnes fertiles en diuers fruits. Mais combien eſt grande celle benignité de nature qu'elle engendre tant de choſes pour viure, tant diuerſes, & tant plaiſantes? Et nõ en vn ſeul temps de l'annee, mais touſiours à fin q̃ nous ſoyons delectez & de la nouueauté & de l'abondance. Mais combien oportune & combien ſalutaires, non ſeulement à la race des hõmes, mais auſſi des beſtes, voire meſmes à toutes choſes qui naiſſent de la terre, à elle donné les vens Eteſiens, par le ſoufler deſquels les trop grãdes chaleurs ſont temperees, & d'iceux meſmes les cours maritimes ſont conduits & viſtes & certains. Il nous faut paſſer pluſieurs choſes, & toutesfois nous en diſons beaucoup. Car on ne pourroit annombrer les opportunitez des fleuues & riuieres, les fluz & refluz de la mer moult s'approchans & ſe retirans, les monts veſtus & foreſtiers, les ſalines fort eſlongnees des orees de la mer, les terres toutes pleines de medicamens ſalutaires, en ſomme des arts innombrables neceſſaires pour la nourriture & la vie. Maintenant l'entreſuite du iour & de la nuit conſerue les animants, donnant autre temps d'ouurer, autre de repoſer. Ainſi de toutes parts par toute raiſon eſt cõclud, que par vn entendement & conſeil diuin toutes choſes en ce monde ſont adminiſtrees admirableblement pour le salut & conseruation de tous. Que si quelcun s'enquiert à cause de qui a esté faitte la fabrique de choses si grandes, a ce esté pour les arbres & herbes, lesquelles bien qu'elles soyent sans sentiment, sont toutesfois soustenuës par nature? Mais cela est absurde. A ce dõc esté pour les bestes? Il n'est en rien plus probable que les Dieux ayent tant trauaillé pour choses muëttes, & qui n'entendent rien. Pour qui donc peut on dire que le monde ayt esté fait? Ca esté pour les animaux lesquels vsent de la raison. Ce sont les Dieux & les hommes qui certainement ne recognoissent rien de meilleur qu'eux. Car c'est la raison qui excelle à toutes choses. Pourtant il est croyable, que le monde a esté fait pour les Dieux & les hommes, & toutes choses qui sont au monde. Et est plus aisement entendu qu'il a esté pourueu aux hommes par les Dieux immortels. Si toute la fabrique de l'homme est côsideré, & toute la figure & perfection de la nature humaine. Car comme la vie des animaux soit entretenuë par trois choses, par viande, breuuage, & respiration, pour les perceuoir toutes, la bouche est tresconuenable, ce qui est augmenté par la respiration à quoy les narines ont esté adioustees. Or on mache auecques les dents arrengees en la bouche, & d'icelles est extenuee & amollie la viande. Les plus aiguës opposees diuisent les viandes en mordant & les plus intimes qui s'appellent les genciues la machent & defont, laquelle deffaitte semble aussi estre aydee par la lan-

T iij

DE LA NATVRE DES

gue. Or l'eſtomach reçoit la langue attachee aux racines incontinent qu'y deſcoulent les choſes receuës, & attouchant de chaſque part de la bouche les maſchoires eſt terminee au dernier & intime palais. Et iceluy quand par l'agitation & les mouuemens de la langue il a receu la viande pouſſee & cõme auallee, il la chaſſe. Or les parties d'iceluy qui ſont autour de ce qui eſt deuoré, ſont dilatees, mais celles qui ſont deſſus ſont reſerrees. Mais comme ainſi ſoit que l'aſpre artere (car ainſi eſt elle appellee des medecins) ait l'emboucheure adiointe aux racines de la langue vn peu au deſſus où l'eſtomach eſt lié à la langue, & comme elle touche iuſques aux poulmons, & reçoiue l'ame, ou halleine qui eſt attirce par la reſpiration, & qu'elle la reſpire & rende par les poulmons, elle eſt couuerte comme d'vn certain couuercle, & pour quelle cauſe a-il eſté donné, ſinon pource que ſi d'auenture les viandes y tomboient l'haleine ſeroit empeſchee? Mais comme la nature du ventre ſubiette à l'eſtomach, ſoit le receptacle de la viande & du breuuage, & que les poulmons & le cœur tirent l'haleine par dehors, au ventre il y a pluſieurs choſes faittes admirablement, qui conſiſtent preſque de nerfs. Or eſt il tortueux & à pluſieurs pliz, & chaſſe & retient ce qu'on y met ſoit aride, ou humide, à fin que facilement il puiſſe eſtre mué & digeré, & iceluy ſe reſtraint & laſche, & contraint & confond tout ce qu'il reçoit, à fin que par la chaleur qu'il a pour

dimi-

diminuer la viande, & en outre par l'esprit & haleine, toutes les choses cuites & digerees soyent distribuees au reste du corps.

Quant aux poulmons il y a vne certaine rarité, & vne molesse semblable aux esponges fort conuenable pour puiser l'haleine, lesquels ores se reserrent en aspirant, ores se dilatent en respirant, à fin que plus souuent soit tiree la viande animale de laquelle sont principalement nourriz les animaux. Mais le suc separé des intestins & des autres viandes dont nous sommes nourriz s'insinuë iusques au foye par certains conduits depuis le moyen intestin iusques aux portes du foye.

Car ils appellent ainsi les voyes conduittes droittement qui touchent au foye & luy sont coniontes. Et de la en sourdent d'autres qui attouchent aux reins par lesquelles tombe la viande descoulee du foye. De ceste viande quand la cholere est separee, & les humeurs qui descoulent des reins, le reste se conuertit en sang, & ruisselle aux portes du foye, ausquelles attouchent les conduits, par lesquels la viande descoulee de ce mesme lieu s'infond en celle qu'on nomme la veine caue, & par icelle la viande ia confite & cuite va tomber au cœur. Et du cœur elle est distribuee en tout le corps par vn grand nombre de veines qui comme rameaux se respandent par toutes les parties du corps. Et n'est pas mal-aisé à dire comme les reliques de la viande sont poussees hors, les intestins ores s'estreignás,

& ores se laschans:mais toutesfois il faut passer cela, à fin que l'oraison n'ait rien qui ne soit plaisant. Soit plustost desployee l'incroyable fabrique de nature. Car l'ame qui par l'haleine est tiree dans les poulmons, s'echauffe premierement par icelle haleine, puis par la contagion des poulmons, & d'icelle vne partie est renduë en respirant, l'autre est conçuë en vne partie du cœur, qu'ils appellent communement le petit ventre du cœur. Auquel vn autre semblable est adioint, où le sang influz du foye par icelle veine caue, & en ceste maniere le sang de ces parties est respandu par les veines en tout le corps, & l'esprit par les arteres. Or tant les vnes que les autres frequẽtes & multiples entretissuës par tout le corps, tesmoignẽt vne vertu incroyable de l'œure artificieux & diuin. Que diray-ie des os, qui subiets au corps ont des emboitemẽs admirables, tant propres pour la stabilité, que bien accommodez pour finir les mẽbres, & pour le mouuement, & pour toute l'action du corps? Adioustez y les nerfs, dont les membres sont contenuz, & leur entretissure appartenante à tout le corps, qui descendans du cerueau, comme les veines & arteres prouiennent & se tirent du foye & du cœur, sont conduits par tout le corps Plusieurs autres considerations peuuent estre adiointes à ceste prouidence de nature tant diligente & tant industrieuse, dequoy l'on peut entendre cõbien grandes choses & combien excellentes ont esté donnees aux hommes par les Dieux immortels.

La-

Laquelle les a premierement excitez de la terre, cõ-stituez hauts & droit à fin qu'en cõtemplans le ciel, ils en peussent prendre la cognoissance des Dieux, Car les hommes sont de la terre, non comme ci-toyens & habitateurs, ains comme spectateurs des choses hautes & celestes, desquelles le spectacle & contemplation n'appartient à nul autre genre d'ani-mâts. Mais les sens, interpretes & messagers des cho-ses en la teste comme en l'eschauguette pour les v-sages necessaires ont esté admirablement faits & placez. Car les yeux comme speculateurs tiennent le plus haut lieu à fin q̃ de là voyans plusieurs choses ils s'aquittent de leur deuoir. Et les oreilles par ce qu'elles doyuẽt perceuoir le son, qui de nature est porté en haut, ont esté bien & proprement logees aux hautes parties des corps. Les narines aussi par ce q̃ toute odeur est portee en haut, à bon droit esle-uees, & par ce encor qu'elles ont grand Iuge-ment à la viande & au breuuage, non sans cause elles ont ensuiuy la voisinance de la bouche.

Puis le goust qui deuoit sentir les choses diuerses desquelles nous viuons, habite en celle partie de la bouche, par laquelle la nature a ouuert le che-min à ce qui est propre à boire & à menger.

Mais le touchement est esgalement respandu par tout le corps, à fin qu'il puisse sentir & perceuoir tous les coups, & toutes les plus fortes aduenuës & du froid & du chaud.

Et tout ainsi qu'aux bastimens les Architectes
V

DE LA NATVRE DES

detournent des yeux & des narines des seigneurs ce qui necessairement coulant auroit apporté quelque chose de puant & d'horrible: ainsi la nature a chassé bien loin des sens choses semblables. Or qui est l'ouurier sinon nature, qui ne recognoist rien de plus ingenieux, qui eust peu poursuyuir aux sens vn tel artifice, & si grande diligéce? laquelle en premier lieu a vestu & enueloppé les yeux de petites toilles ou membranes deliees, que premieremēt elle a faittes transparentes, à ce qu'on peust voir par icelles, & les a faittes fermes pour estre contenuës.

Mais elle a fait les yeux mobiles & glissants, tant à fin que si quelque chose nuisoit ils en declinassent, & à fin que plus aisement ils peussent contourner leur egard quelque part qu'il voudroient. Et celle pointe de la veuë de laquelle nous regardons, qui est ditte prunelle, est si petite, qu'aisement elle euite ce qui pourroit porter nuisance. Et les paupieres qui sont les ouuertures des yeux bien proprement ont esté faittes fort molles au touchement pour n'offenser la pointe de la veuë, & pour clorre les prunelles qu'il n'y tombast rien & pour les ouurir aussi, & y a pourueu à fin que coup sur coup cela se peust faire auec vne tresgrande promptitude. Et ont esté munies les paupieres comme d'vn rampart de poil, à fin que par icelles si les yeux ouuers quelque chose y tomboit, elle fust repoussee, & sillez du sommeil, quand nous n'aurions que faire des yeux pour regarder, à fin que comme enueloppez ils re-

po-

poſaſſent. En outre elles ſont cachees vtilemēt, & de toutes parts enfermees de hautes eminences. Car en premier lieu les ſuperieures ſont couuertes des ſour-cils, qui repouſſent la ſueur coulante & de la teſte & du frōt. Puis apres ſont defenduës les iouës ſoumiſes en l'inferieure partie, & mollement ſurparoiſſantes. Et le nez eſt tellemēt applacé, qu'il ſemble auoir eſté cōme vn mur entrepoſé aux yeux. Mais l'ouye eſt touſiours ouuerte, car de tel ſens en dormāt meſmes nous auōs beſoin, de laquelle eſtant le ſon receu, noº ſomes meſmes eſueillez du dormir. Elle a vn cōduit tortueux & replié à fin qu'il ne peuſt riē entrer ſelle eſtoit ſimplemēt & droittemēt ouuerte. Plus nature y a pourueu, à fin q̄ ſi quelque petite beſte s'efforçoit d'y entrer, elle fuſt arreſtee au ſic des oreilles tout ain ſi qu'en de la glu. Mais par dehors ſurparoiſſēt celles qu'on appelle les oreilles, faites tāt pour couurir que pour garder le ſens, & de peur que les voix iettees ne s'en allaſſent errātes auant q̄ le ſens fuſt d'icelles tou-ché. Mais elles ont les entrees dures & cōme de corne & preſque à lignes ſpiralles & repliees en rōd, d'au-tant q̄ par telles natures le ſon r'apporté eſt amplifié. De là vient qu'aux chordes meſmes ſe fait le reſon au vētre du Luth, ou au cornet tortu, & des lieux en-cloz & tortueux retentiſſent les voix plus amples. Sēblablemēt les narines qui pour les neceſſaires vti-litez ſōt touſiours ouuertes, ont l'ētree plº eſtroite, à fin q̄ riē qui nuiſe puiſſe entrer, & ont touſiours vne humeur nō inutile pour chaſſer pluſieurs choſes.

V ij

DE LA NATVRE DES

Le gouſt eſt excellemment enfermé, car il eſt encloz de la boüche & proprement pour l'vſage, & pour la garde de la ſanté. Et tout le ſens des hommes deuance de beaucoup les ſens des beſtes. Car en premier lieu les yeux quāt aux arts deſquels le iugemēt appartient aux yeux, aux formes peintes, forgees, & engrauees meſmes au mouuement & geſte du corps voyent beaucoup plus ſubtilement, meſmes les yeux iugent tant la beauté & l'ordre des couleurs & figures & pour dire ainſi la bienſeance, voire meſmes choſes plus grandes. Car ils cognoiſſent & les vertus & les vices, le courroucé, le propice, le ioyeux, le dolent, le fort, le laſche, le hardy le timide. Meſmes des oreilles le iugement eſt admirable & artificieux, duquel eſt iugee la varieté des ſens tant aux chants de la voix, que des fluſtes & des chordes, leurs interualles, diſtinction, & pluſieurs ſortes de voix, comme le chant ſonoreux, l'obſcur, le plain, l'aſpre, le graue, l'agu, le ployable, le dur, qui ſont ſeulement iugez des oreilles des hommes.

Grands encor ſont les iugemens des narines & l'art de gouſter, & toucher, pour deſquels ſens perceuoir & iouyr plus ont eſté trouuez d'arts que ie ne voudroye.

Car il eſt treſclair où tendent les compoſitions des onguents, où les aſſaiſonnemens des viandes, & iuſques où ſont procedez les chatoiullemens & plaiſirs des corps.

Or quant à l'ame, à l'entendement de l'homme

la

la raison, le conseil, la prudence, celuy qui n'apperçoit qu'elles ont esté parfaittes par la diuine, prouidence, luy mesmes me semble estre priué de tels dons de grace, dequoy quand ie disputeroye ie desireroye, ô Cotta, que ton eloquence me fust donnee. Car en quelle maniere discourois-tu de telles choses, premierement de combien grande intelligence, puis comment la conionction & comprehension des choses consequentes seroit en nous, à sçauoir dequoy & comment chasque chose est faitte, ce que nous concluons par raison, & deffinissons & comprenons chascune des choses circonscriptiuement. D'où s'entend quelle vertu a la science, quelle elle est, sur laquelle rien de plus excellent n'est en Dieu mesme. Mais combien grādes sont les choses que vous Academiciens infirmez & ostez, à sçauoir que tant des sens que de l'ame nous perceuons & comprenons les choses de dehors? Desquelles raportees & conferees entre elles nous auons aussi fait les arts, en partie necessaires pour l'vsage de la vie, en partie necessaires pour la delectation.

Or maintenant la Royne des choses, & comme vous auez accoustumé de dire la vertu d'eloquence combien est elle excellente & combien diuine? Laquelle premierement a fait, que nous peussions apprendre ce que nous ignorions, & ce que nous sçauons nous le peussions enseigner aux autres. Puis par icelle nous exhortons par icelle, nous persuadōs par icelle, nous consolons les affligez, par icelle nous o-

V iij

DE LA NATVRE DES

ſtons de crainte ceux qui ſont eſtonnez, par icelle: nous rabaiſſons ceux qui ſont trop en feſte, par icelle, nous eſtaignons les conuoitiſes & les choleres, c'eſt celle qui nous a liez en la ſocieté du droit, des loix, & des villes: c'eſt elle qui nous a ſeparez de la vie ſauuage & brutale. Quant à l'vſage de l'oraiſon il eſt incroyable, ſi vous y prenez garde de pres, combien grands ouurages la nature a forgez. Car en premier lieu, depuis les poulmons l'artere touche iuſques à l'intime emboucheure, par laquelle la voix tirant ſon commencement de la penſee, eſt perçuë & reſpanduë. Puis en la bouche eſt aſſiſe la langue finie & cloſe entre les dents, & icelle feint & termine la voix immoderement reſpanduë, qui fait les ſons de la voix diſtinguez & preſſez, lors qu'elle les pouſſe aux déts & autres parties de la bouche. C'eſt pourquoy les noſtres ont accouſtumé de dire que la langue eſt ſemblable, à vn archet, les dents aux chordes les narines aux cornes, a celles dy-ie qui aux nerfs touchez reſonnent en chants. Et combien a donné la nature les mains propres à l'homme, & de cõbien d'arts miniſtres? Car la facile contraction des doigts & l'eſtente facile a cauſe des molles iointures & couplets, ne trauaille point au mouuement. C'eſt pourquoy la main eſt propre & habile par l'ayde des doigs, à peindre, à feindre, à grauer, & a tirer les ſons des nerfs ou chordes, & des fluſtes. Et ſont ces choſes de plaiſir, celles là de neceſſité, ie dy le labou-
r age

rage des champs, les constructions des toits, les couuertures des corps ou tissuës ou cousuës, & toute la fabrique de l'erain & du fer. Dont s'entend que nous auons comprins toutes choses inuentees de l'ame, perçuës des sens, & par l'application des mains des artisans, a ce que nous peussions estre & couuerts, & vestus, & bien sains & à fin que nous eussions villes, murailles, domiciles, & temples.

En outre par les œuures des hommes, c'est à dire par les mains, est aussi trouuee la varieté & abondāce de la viande. Car & les champs portent plusieurs choses quises pa la main, lesquelles incontinent ou se consument ou conseruees se gardent à la viellesse & en outre nous viuons de bestes terrestres & aquatiques, & volatiles les prenans en partie, en partie les nourrissant.

Nous faisons encor par nostre force & industrie que celles à quatre pieds portent les sommes, desquelles la vitesse & puissance nous apporte & vitesse & vertu.

Nous imposons à certaines bestes les fardeaux, nous leur imposons les iougs, nous abusons à nostre vtilité des sens tres-aguz des Elephans, & de la sagacité ou bon nez des chiens.

Nous tirons le fer des cauernes de la terre, chose tresnecessaire pour le labourage des champs.

Nous auons trouué les veines d'erain, d'argent, & d'or, encloses aux entrailles de la terre, & propres pour l'vsage, & seantes pour

DE LA NATVRE DES

l'ornemēt. Mais nous vsons de la coupure des arbres & de toute matiere tāt pollie que foreſtiere, en partie pour chauffer le corps à l'ayde du feu, & pour cuire la viande: & en partie pour edifier, à fin qu'enfermez ſous les toits nous puiſſions chaſſer les froidures & les chaleurs. Or elle apporte grāds vſages pour faire les nauires, par les courſes deſquels abondances de toutes choſes ſont fournies de toutes parts & ſubminiſtrees a la vie: & les choſes les plus violentes que nature a engendrees ſeuls nous en auons la moderatiō de la mer & des vens à cauſe de la ſciéce des choſes nautiques, & nous iouyſſons & vſons de pluſieurs choſes maritimes. Pareillement toute la domination des commoditez terriennes gift en l'homme. Nous iouyſſons des champs, nous iouyſſons des montagnes, noſtres ſont les fleuues, noſtres les lacs: nous ſemons les fruits, nous plantons les arbres, nous, par les conduits des eaux donnons fecondité aux terres, nous arreſtons les fleuues, nous les dreſſons: nous les deſtournons, en ſomme par noz mains nous nous efforçons de faire en la nature des choſes comme vne autre nature. Que diray-ie de la raiſon des hommes? n'a-elle pas penetré iuſques au ciel? Car ſeuls de tous les animants nous cognoiſſons le leuer, le coucher, & le cours des aſtres Par la race des hommes a eſté finy le iour, le mois, l'annee, les Eſclipſes du Soleil & de la Lune cogneuës, & predites, pour tout le temps aduenir, quelles, cōbien grādes, & quād elles deuoiēt eſtre.

Ce

Ce que contemplant l'ame elle en a receu la cognoissance des Dieux, de laquelle naist la pieté à qui la iustice est coniointe, & les autres vertus desquelles consiste la vie-bienheureuse, pareille & semblable à celle des Dieux, ne cedant en rien aux celestes, fors en immortalité, qui n'appartient aucunement à bien viure. Lesquelles choses exposees, il me semble auoir assez enseigné de combien la nature de l'homme deuance tous les autres animaux. Dont on doit entendre, que n'y la figure & assiette des membres, ny la puissance de l'esprit & de l'entendement n'auoir peu estre faite telle par fortune. Reste que i'enseigne, & quelquesfois acheue mon discours pour monstrer que toutes les choses qui sont en ce monde, dont se seruent les hommes, ont esté faites & acquises pour les hommes mesmes.

Au commencement le monde a esté fait pour l'amour des Dieux & des hommes, & les choses qui sont en iceluy ont esté quises & inuentees pour la iouyssance des hommes. Car le monde est comme vne maison commune des Dieux & des hommes, ou la cité de tous les deux.

Car ceux là seuls qui vsent de raison viuent selon droit & la loy. Tout ainsi doncques qu'il faut estimer qu'Athenes & Lacedemone, ont esté basties pour l'amour des Atheniens & Lacedemoniens, & còme toutes choses qui sont en ces citez sont dittes à bon droit appartenir aux peuples: ainsi toutes choses qui sont en tout l'vniuers doiuent estre

X

DE LA NATVRE DES
estimees appartenir aux Dieux & aux hommes. Et quant au circuit du Soleil & de la Lune, & des autres Estoilles, bien qu'elles appartiennent aussi à l'entretien & liaison du monde, toutesfois d'abondant elles donnent vn spectacle aux hommes: car il n'y a espece aucune plus insatiable, nulle plus belle, ny pl⁹ excellente en raison & industrie. Car ayans mesuré leurs cours, nous auons congneus les maturitez des temps, & leurs varietez & mutatiõs: que si elles sont cogneuës aux hommes seuls, il faut bien iuger que pour les hommes elles ont esté faittes. Mais la terre empreinte de fruits, & de diuerses sortes de legumages, qu'elle respand auecques tref-grande largesse, semble elle les engendrer pour l'amour des bestes sauuages ou des hommes ? que diray-ie des vignobles & des oliuees ? desquels les fruits abondans & tresgaiz, n'appartiennent en rien aux bestes. Car les bestes n'ont aucune science ny de semer, ny de labourer, ny de moissonner, & perceuoir en temps les fruits, ny de les reposer & engranger, & de toutes telles choses le seul vsage & la cure en appartient aux hommes.

Comme doncques il faut dire que les chordes & les flustes sont faittes pour ceux-là, qui s'en peuuent seruir: ainsi faut il confesser que les choses que i'ay dittes sont apprestees pour ceux qui en vsent. Et non pourtant si quelques bestes en larcinent ou rauissent quelque chose, si ne dirõs nous pas que pour l'amour d'elles, telles choses soient nees. Car ce n'est

pas

pas pour les souris ou formis que les hommes engrangent ou serrent le froment, ains pour l'amour de leurs femmes, & de leurs enfans, & de leurs familles. Pourtant comme i'ay dit, les bestes en iouyssent furtiuement & en cachette, les seigneurs librement & deuant tous.

Il faut donc confesser que pour l'amour des hommes, telles abondances de choses ont esté acquises. Si parauanture si grande planté & diuersité de fruits, & non seulement leur goust delectable : mais aussi leur flair & leur aspect n'apporte quelque doute que la nature ne les ait donnez aux hommes seuls : & tant s'en faut que telles choses soient appareillees mesmes pour les bestes, que nous voyons les bestes mesmes estre engendrees à cause des hommes. Car que apportent autres choses les oüailles sinon que les hommes soient vestus de leurs toisons accoustrees & tissuës? lesquelles certainement ne pourroient estre nourries ny sustentees, ny apporter aucun fruit de soy, sans l'industrie & le soucy des hommes. Mais la garde si fidele des chiens, & tant amoureux blandissement à leurs maistres, & vne si grande haine enuers les estrangers, & tant incroyable sagacité de naiz à descouurir les voyes & les frais de la sauuagine, & si grande allegresse en chassant, que signifient elles autre chose sinon qu'ils sont engendrez pour les commoditez des hommes? que diray-ie des bœufs? desquels les dos declarent assez qu'ils ne sont pas formez pour receuoir la charge : mais leurs

X ij

DE LA NATVRE DES

cols sont nez au ioug, & les forces & largeurs de leurs espaules pour tirer la charruë, desquels par ce que les terres estoient labourees en fendant les mottes du temps de ce siecle d'or, comme parlent les Poëtes, on ne leur faisoit aucune nuisance.

Mais vne aage de fer nasquit soudainement
Qui le glaiue cruel osa premierement
Tremper, faire, & forger, & d'vne main habile
Dompter le ieune bœuf dessous le ioug docile.

Tant on pensoit estre grande l'vtilité qui se perceuoit des bœufs, qu'on estimoit vn lasche forfait de se paistre de leurs entrailles.

Le discours seroit long si ie poursuiuois les vtilitez des mulets & des asnes, lesquelles certes ont esté quises pour l'vsage des hommes. Et le pourceau qu'a-il sinon la chair à manger, auquel de peur que il ne pourrist, Chrysippe dit l'ame auoir esté donnee au lieu de sel. Et n'a rien la nature engendré de plus fecond que ceste beste, ny plus conuenable pour le viure des hommes.

Que diray-ie de la multitude & goust sauoureux des poissons? quoy des oiseaux? desquels on perçoit vne si grande volupté, que quelquesfois nostre prouidence semble estre Epicurienne : mais iceux ne seroient mesmes pris sans la raison & l'industrie des hommes.

Bien que nous estimons qu'aucuns des oiseaux & volans & chantans, que les Augures Latins appellent *Alites & Oscines* estre nez à fin d'en perceuoir

uoir la science d'augurer. Puis nous trouuons les bestes cruelles & sauluages, en chassant, à fin que nous en viuions, & qu'en chassant nous nous exercions à la semblance de la discipline militaire, & que nous nous en seruions quand elles sont domptees & appriuoisees, comme des Elephans, & que nous recueillions plusieurs remedes de leurs corps contre les maladies, & vlceres: ainsi que d'aucunes plantes & herbes, desquelles nous auons apperceuës les vtilitez par long trait de temps, & au hazard de nostre vie.

Il est loisible de discourir des ames comme des yeux toute la terre, & contempler toutes les mers, & les plaines porte-fruits & immenses des campagnes, & les espaisses forests dont les montagnes sont vestuës, & les pastures des bestes, & les cours maritimes de vistesse incroyable.

Et non seulement dessus la terre: mais aussi aux plus intimes tenebres d'icelles est cachee l'vtilité de plusieurs choses, qui estant nee pour l'vsage des hommes, est des hommes seuls inuetee. Mais ce que chacun de vous prendra, parauanture à reprendre, Cotta, par ce que Carneades volontiers inuectiuoit contre les Stoïques, Velleius, par ce qu'Epicure ne se mocque de rien plus, que de la prediction des choses futures: par cela toutesfois me semble estre grandement confermé, que par la prouidence des Dieux est donné ordre aux choses humaines. Car de vray, il y a vne diuination, qui apparoist en

X iij

plusieurs lieux, choses, & temps, tant aux priuees que mesmement aux publicques. Plusieurs choses voyét les Auspices, plusieurs en preuoyent les Augures, plusieurs sont declarees par oracles, plusieurs par propheties, plusieurs par songes, plusieurs par prodiges: lesquelles cogneuës, souuent plusieurs commoditez ont esté acquises par l'opinion & vtilité des hômes, & plusieurs dangers ont esté euitez. Celle-cy doncques soit vertu, soit art, soit nature, a esté certainement donné à l'homme pour la science des choses futures, & non d'aucun autre que des Dieux immortels. Que si chacune de ces choses parauanture ne vous esmeut, si est-ce que toutes icelles enseble liees & coniointes vous doiuent esmouuoir. Et non seulement à la race des hommes, mais aussi à chacun d'iceux ont accoustumé de proffiter & pourueoir les Dieux immortels. Car il est loisible d'estreindre l'vniuersité du genre humain, & par degrez à peu, puis en fin l'amener en chacun en particulier. Car si nous estimons que les Dieux proffitent à tous les hômes qui sont par tout en chasque heure & partie des terres distantes de la continuation de celles que nous habitons, pour les causes que i'ay cy deuát dites, certainement ils proffitent aussi aux hommes qui habitent auec nous les terres d'Orient en Occident. Que sils pouruoyent à ceux, qui habitent comme vne grande Isle, que nous appellons le rond de la terre, ils pouruoyent aussi à ceux-là qui tiennét les parties de ceste Isle. Ie dy Europe, Asie, Affrique. Doncques

ils

DIEVX LIVRE II. 80

ils en aiment aussi les parties, Rome, Athenes, Sparte, Rhodes, & aiment chacun citoyen de ces villes separez des vniuersels, comme en la guerre de Pyrrhus, Curie, Fabrice, Coruncan, en la premiere Punique, Calatin, Duelle, Metel, Luctace: en la seconde Fabius Maximus, Marcel, & Scipion l'Affricain: apres eux Paul, Gracche, Caton: & de la memoire de noz peres Scipion & Lélius: plusieurs en outre, & nostre cité, & la Grece ont porté des hómes singuliers & excellents, desquels il ne faut estimer aucun auoir esté tel sans l'aide de Dieu. Laquelle raison a poussé les Poëtes, & principalement Homere d'adioindre à chacuns Princes des Heroës comme Vlysse, Diomede, Agamemnon, Achille, certains Dieux compagnons aux fortunes & dangers. D'auantage souuent les presences des mesmes Dieux, comme sont celles dont cy dessus i'ay fait mention, declarét assez qu'ils preuoyent & pouruoyent & aux citez, & à chacun des hommes. Ce qui mesmes s'entend par les significations des choses futures qui se presentét tant aux dormans qu'aux veillans. Plusieurs choses en outre sont admonnestees aux ostentes, plusieurs aux entrailles des bestes, & en plusieurs autres choses que l'vsage ordinaire a remarquees, de sorte qu'il en a fait l'art de diuination. Doncques nul grand personnage n'a iamais esté sans inspiration diuine. Ce qui ne faut pas tellement refuter, comme si la tempeste auoit nuy aux bleries ou vignobles d'aucun, ou si la fortune a emporté quelque chose des com-

DE LA NATVRE DES
modizez de la vie, que pourtant nous deuions penser
que celuy auquel aucunes de ces choses sont attribuees
soit ou hay, ou mesprisé de Dieu. Les Dieux ont soin
des choses grandes, & mesprisent les petites : & aux
grands personnages arriuent tousiours toutes choses heureusement : car assez a esté dit, & de nous, &
de Socrate Prince de la Philosophie des excellences
& grandeurs de la vertu. Voila presque ce qui m'est
venu en memoire que i'ay pensé deuoir estre dit de
la nature des Dieux. Quant à toy, Cotta, si tu m'en
crois tu deffendras la mesme cause, & penseras que
tu es & premier Citoyen, & grand Pontife. Et pour
ce qu'il vous est loisible de disputer en l'vne & l'autre
partie, tu prendras plustost celle-cy, & plustost em-
ployeras icy ceste grace de bien dire, que tu as appri-
se des exercitations de Rhetorique, & que l'Academie t'a amplifiee. Car c'est vne meschante coustume
de disputer contre les Dieux, soit que cela se face de
volonté, ou par feinte & simulation.

FIN DV SECOND LIVRE DE
LA NATVRE DES DIEVX.

LIVRE

81

LIVRE TROISIESME
DE LA NATVRE DES
DIEVX, A M. BRVTE.

E QV'AYANT dit Balbus, lors Cotta fouf-riant, bien tard, dit-il, tu me commandes Balbus, ce que ie dois deffendre Car pendant que tu difcourois, ie meditois à part moy ce que ie deuois contredire, non tant pour te refuter, que pour m'informer de ce que moins i'entendois. Or par ce qu'il faut que chacun vfe de fon iugement, c'eft chofe mal-aifee que ie fois de tel aduis que tu voudrois. Adoncques Velleius, ne fçais-tu point, dit-il, auecques combien grande attente ie t'efcouteray, ô Cotta? car ton difcours a efté bien agreable à noftre Balbus contre ton Epicure. Moy doncques à ma fois me monftreray ton auditeur attentif contre les Stoïques. Car i'efpere que felon ta couftume tu viens bien appareillé. Alors Cotta, ouy vrayement, dit-il, Velleius: car ie n'ay

Y

DE LA NATVRE DES

pas pareille raifon auecques Lucilius comme i'ay eu auecques toy. Pourquoy, dit-il? car voftre Epicure me femble ne fe donner guieres de peine des Dieux immortels, feulement il n'ofe denier qu'il ne foit des Dieux, de peur qu'il n'encoure en quelque enuie, ou en crime. Mais il conferme que les Dieux ne font rien, qu'ils n'ont de rien foucy, & qu'ils ont des membres humains, mais qu'ils n'en ont aucun vfage, il me femble qu'il fe iouë, & qu'il eftime affez de dire, qu'il eft quelque bien-heureufe & eternelle nature. Mais ie penfe que tu as prins garde, combien Balbus a dit de chofes, lefquelles encores qu'elles ne fuffent veritables, fi font elles toutesfois bien coniointes & liees enfemble. Parquoy ie penfe comme i'ay dit, non tant de refuter fon oraifon, que de m'informer de ce que moins i'ay entendu. Doncques Balbus ie te permets lequel que tu voudras, ou de me refpondre à chafque chofe que ie te demanderay, que i'ay moins entenduë, ou bien d'ouyr toute mon oraifon.

Adonc Balbus. Quant à moy, dit-il, i'ayme mieux te refpondre fi tu defires d'eftre efclarcy de quelque point. Que fi tu veux m'interroger non tant pour entendre comme pour refuter, ie feray lequel que tu voudras: ou bien ie refpondray incontinent à chafque point que tu requiers, ou bien à tout enfemble, quand tu auras paracheué d'orer.

DIEVX LIVRE III.

rer. Alors Cotta, voila qui va tref-bien, dit-il, parquoy faifons ainfi que l'oraifon nous conduira. Mais auant que ie die de la chofe, ie diray quelque peu de moy : car ton authorité, Balbus, ne m'eſt pas en petit refpect, & ton oraifon me meut par laquelle en perorant tu m'exhortois que ie me fouuinfe & que i'eſtois Cotta, & que i'eſtois Pontife. Ce que comme ie cuide, tendoit à ce point, que i'euſſe à deffendre les opinions que nous auons receuës de noz deuanciers touchant les Dieux immortels, les facrifices, ceremonies & religions.

De ma part ie les ay toufiours deffenduës, & les deffendray toufiours, & de nul l'oraifon foit docte, foit indocte, ne me pourra iamais defmouuoir de l'opinion que i'ay receuë de mes maieurs & deuanciers touchant l'honneur & feruice des Dieux immortels.

Mais quand il eſt queſtion de la religion, i'enfuy Tite, Coruncan, P. Scipion, P. Sceuole Pontifes tref-grands, non Zenon, non Cleanthe, non Chryfippe, & tiens Caius Lelius pour Augur & pour fage, lequel i'oy plus volontiers parler de la religion en cefte belle & noble oraifon, qu'aucun Prince des Stoïques. Et comme ainfi foit que toute la religion du peuple Romain foit diuifee en facrees ceremonies & aufpices, & pour troifiefme point foit adiouſté ce dont les interpretes

Y ij

ou Aruspices auront aduerty pour prediction des prodiges & oracles de la Sybille. De toutes ces religions ie n'ay iamais pensé qu'il en conuint mespriser aucune, & me suis ainsi persuadé, que Romule par Auspices, Numa par l'establissement des sacrees ceremonies auoient assis les fondemens de nostre cité, lesquels certainement n'auroient iamais peu estre si grands sans vne souueraine faueur des Dieux immortels. Voila Balbus ce que Cotta, ce que le Pontife sent de la religion.

Fay doncques maintenant que i'entende aussi que c'est que tu en sens: car de toy Philosophe ie dois receuoir la raison de la religion: mais ie dois croire à noz deuanciers voire sans qu'ils me rendent aucune raison. Alors Balbus, quelle raison doncques, dit-il, ô Cotta, desires tu de moy? & iceluy, ton discours dit-il, a esté party en quatre. Premierement que tu voulois monstrer qu'il est des Dieux: puis quels ils estoient, apres que le monde estoit d'eux gouuerné, & finablement que ils preuoyent & pouruoyent aux choses humaines. Voila ta diuision, si i'ay bonne souuenance. Fort bien, dit Balbus, mais i'attens que c'est que tu y requiers. Adoncques Cotta, en premier lieu voyons de chasque point, dit-il, encores que ce soit le premier dont tous conuiennent, si ce ne sont aucuns extrememement meschans, qui ne me peut sortir de l'entendement qu'il ne soit des Dieux. Toutesfois

tesfois cela mefme qui m'eft perfuadé par l'authorité des deuanciers, tu ne m'enfeignes point pourquoy il eft ainfi. Et pourquoy, dit Balbus, s'il t'eft ainfi perfuadé, le veux-tu apprendre de moy? alors Cotta, par ce dit-il, que ie vien à cefte difpute, comme fi ie n'auois iamais rien entendu des Dieux immortels, ny rien penfé. Reçoy moy difciple, encores rude & tout neuf, & m'enfeigne ce que ie requiers. Dy doncques (dit-il) que c'eft que tu requiers. Moy dit-il? c'eft en premier lieu ce point: pourquoy veu que tu auois dit qu'en cefte partie il eft fi clair que cela n'auoit nul befoing de difcours, par ce qu'il eftoit manifefte & conftant entre tous, toutesfois de cela mefme tu as difcouru fi long temps? ie l'ay fait, dit-il, par ce qu'auffi fouuent i'ay pris garde, Cotta, que toy haranguant au barreau, tu chargeois le iuge de plus d'argumens que tu pouuois, voire fi la caufe t'en donnoit le moyen, & cela mefmes font les Philofophes, & ie l'ay fait comme i'ay peu. Mais toy qui me le demandes, tu fais tout ainfi, comme fi tu me demandois pourquoy ie te regarde auecques les deux yeux, veu que ie pourrois faire le mefme auecques vn feul. Alors Cotta, combien cela eft femblable, dit-il, tu y aduiferas. Car ie n'ay point accouftumé aux caufes d'argumenter s'il y a quelque point fi euident que tous en foient d'accord, car l'euidence & clarté eft oftee par l'argumentation, & encores que ie le feif-

Y ii)

DE LA NATVRE DES

se aux causes du barreau, si ne le ferois ie pas en ceste subtilité de disputer. Or n'y auroit il point de cause pourquoy tu regardasses d'vn œil seulement, veu que le regard appartient à tous les deux, & veu que la nature des choses, que tu dis estre sage, a voulu que nous eussions deux lumieres ou verrieres percees de l'ame aux yeux. Mais par ce que tu te deffiois que cela ne fust pas si clair comme tu voulois, pourtant par plusieurs argumens tu as voulu monstrer qu'il est des Dieux : car quant à moy il me suffisoit que noz maieurs & deuanciers me l'eussent ainsi enseigné. Mais tu contemnes les authoritez, & combas par raison. Souffre doncques que ma raison debatte auecques la tienne. Tu amenes tous ces argumens pour monstrer qu'il est des Dieux, & ce qui selon mon aduis, n'est point en doute, tu le rends douteux en argumentant. Car i'ay bien retenu par memoire non seulement le nombre, mais aussi l'ordre de tes argumens. Le premier estoit, que lors que nous contemplions le ciel, nous entendions incontinent qu'il est quelque diuinité, dõt telles choses sont gouuernees. Et à ceste fin tu allegois ce vers d'Ennius.

Remire & voy ce haut & blanc Ether
Que tout chacun reclame Iupiter.

Comme si quelqu'vn d'entre nous l'appelloit plustost Iupiter, que non pas le Capitolin, ou comme s'il estoit tref-clair & constant entre tous, que

ceux

ceux-là fuſſent Dieux, que Velleius, & encores pluſieurs autres ne t'accorderoient pas ſeulement eſtre animez. Ce te ſembloit auſſi eſtre vn graue argument, que l'opinion des Dieux immortels eſtoit en tous, & croiſſoit tous les iours. Te plaiſt-il doncques qu'on iuge de choſes ſi grandes par l'opinion des fols, à vous principalement qui les dittes eſtre inſenſez? mais nous voyons les Dieux preſents, comme feiſt Poſthume aupres le lac Regille, Vaciene en Salarie, & ne ſçay quoy encores en Sagra de la bataille des Locrois.

Ceux doncques que tu appellois Tyndarides c'eſt à dire hommes nez d'homme, & ceux que Homere, qui fut bien peu depuis leur ſiecle, dit eſtre enſeueliz en Lacedemone, penſes-tu qu'ils fuſſent venus au deuant de Vaciene ſur deux cheuaux blancs ſans gouiards, & qu'ils euſſent annoncé la victoire du peuple Romain, pluſtoſt à Vaciene homme ruſticque, qu'à Marc Caton qui eſtoit pour lors l'vn des premiers de la cité? eſtimes tu doncques que ce qui encores auiourd'huy apparoiſt en la roche pres du lac Regille, ſoit comme vn pas imprimé de l'ongle du cheual de Caſtor? n'aimes tu pas mieux croire, ce qui ſe peut prouuer que les ames des excellens perſonnages, quels furent ces Tyndarides, ſont diuins & eternels, que nõ pas que ceux qui auoiét eſté bruſlez, euſſent peu cheuaucher & combattre en l'armee?

DE LA NATVRE DES

ou si tu penses que cela se soit peu faire, il faut que tu enseignes comment, & que tu ne mettes pas en auant des contes de vieilles. Adoncques Lucile, te semble-il doncques que ce sont des fables? ne vois-tu point au marché le moutier consacré par Posthume à Castor & Pollux? ne vois-tu point l'ordonnance du Senat faitte pour Vaciene? car de Sagra, il y a mesme vn prouerbe commun entre les Grecs, qui disent que ce qu'ils afferment est plus certain que ce qui est aduenu en Sagra. Dois-tu doncques peu estre esmeu par tels autheurs? alors Cotta, tu debats auecques moy de bruits & rumeurs, Balbus, & de ma part ie veux estre payé de raisons.

En l'exemplaire Latin manquent icy plusieurs choses.

S'ensuiuent les choses futures, car nul ne peut fuyr ce qui est à aduenir. Or bien souuent il n'est pas mesme vtile de sçauoir ce qui doit aduenir. Car c'est vne chose miserable que s'affliger sans proffiter de rien, & ne retenir pas seulement le dernier point de l'esperance, qui est toutesfois le commun soulagement, attendu mesmes que vous dittes que toutes choses se font par la destinee. Et que cela est destinee qui de toute eternité a deu tousiours estre veritable. Que vaut doncques ou quel proffit apporte pour s'en garder de sçauoir quelque chose estre future, veu qu'elle doit certainement aduenir? puis dont est prouenuë telle diuination?

diuination? qui a trouué la fente du gifier? qui a notté le chant de la corneille? qui a remarqué les forts? Aufquels ie croy, & ne puis mefprifer le bafton augural d'Accius Nauius, dont tu faifois mention. Mais ie doy apprendre des philofophes comme telles chofes fe doyuent entendre, mefmement veu que ceux-là mentent fouuent de plufieurs chofes diuines. Mais les medecins auffi, car tu parlois ainfi, font bien fouuent trompez. Quelle refemblance y a-il entre la medecine, dont ie voy la raifon, & la diuination de laquelle ie n'entens point l'origine? Péfes tu encor que les Dieux ayent efté appaifez par les deuotions des Decies? Quelle fut leur iniquité fi grande, qu'ils n'ayent peu eftre reconciliez au peuple Romain, fi tels perfonnages ne fuffent morts? Ce fut vn confeil de Capitaines que les Grecs appellent Stratageme, mais de tels Capitaines qui proffitoyent à la patrie, & n'efpargnoyent point leur vie. Car ils eftimoyent qu'il aduiendroit que l'armee fuyuroit fon Capitaine fe fourrant à cheual fur les ennemis, ce qui aduint auffi. Car de moy ie n'ouy iamais la voix de Faune, fi tu dis l'auoir ouye ie t'en croiray, encor que ie ne fache du tout point que c'eft qu'vn Faune. Ie n'entends donc pas encor bien, autant qu'en toy eft, ô Balbe, qu'il y ayt des Dieux, lefquels ie croy bien qu'ils font, mais les Stoïques ne me l'enfeignent point. Car Cleanthe comme tu difois, eftime qu'en quatre manieres font formees les notions des Dieux dans les ames des hommes. L'v-

Z

DE LA NATVRE DES

ne est celle de laquelle i'ay assez parlé, qui se perçoit du presentiment des choses futures. Autrement des troublemens des tempestes, & des autres mouuemēs. La tierce est de la commodité des choses que nous perceuons en l'abondance. La quatriesme de l'ordre des astres & de la constáce du ciel. Nous auons dit du presentiment, nous ne pouuons pas parler des perturbations celestes & maritimes, & terriennes, puis qu'elles se font, qu'il n'y en ait plusieurs qui les craignent, & estiment qu'elles soyent faittes des Dieux immortels. Mais ce n'est pas ce qu'on demande, s'il en est aucuns qui croyent qu'il soit des Dieux, on demande s'il est des Dieux, ou s'il n'en est point. Car les autres causes qu'ameine Cleanthe, l'vne desquelles est de l'abondance des commoditez que nous perceuons, l'autre de l'ordre des temps & constance du ciel, alors seront traittees de nous quand nous traitterons de la prouidence des Dieux, de laquelle tu as dit beaucoup, ô Balbus: & en ce mesme lieu nous differerons encor ce q̃ tu citois de l'opiniō de Chrysippe parce qu'il y auoit quelque chose en la nature qui ne pouuoit estre fait de l'homme, que pourtant il y auoit ie ne sçay quoy de meilleur que l'homme, tu cōparois les choses belles en vne maison auecques la beauté du monde, & lors que tu amenois en auāt la conuenance & le consentement de tout l'vniuers & differerons en ceste partie du discours que i'ay dit n'agueres, les briefues & aguës cōclusions de Zenō.

Et

DES DIEVX LIVRE III.

Et au mesme temps en leur lieu nous nous enquerons de toutes les choses qui ont esté de toy dittes naturellement, de la puissance du feu, & de celle chaleur de laquelle tu disois toutes choses estre engendrees, & en somme tout ce que tu disois il y a trois iours, quád tu voulois enseigner qu'il y a des Dieux: pourquoy & le monde vniuers, & le Soleil, & la Lune, & les estoilles auoyent sens & pensee, ie le reserueray au mesme temps. Mais ie te demanderay vne & deux fois ce point, par quelles raisons tu te persuades qu'il est des Dieux. Adonc Balbus, certainement il me semble que i'ay amené des raisons assez, mais tu les reiettes de telle sorte, que quand tu sembles me deuoir interroger, & que ie me suis appresté pour te respondre soudain tu detournes le discours, & ne me donnes pas lieu de respondre. A ceste cause plusieurs choses tresgrandes sont passees sous silence de la diuination, de la destinee, desquelles questions tu traittes estroittement, mais les nostres en discourent bien au long, mais elles sont separees de la question que nous auons maintenant entre mains. Parquoy si tu le troues bon, ne vueille point traitter confusement, à fin qu'en ceste dispute nous desployons ce que nous cherchons. Fort bien, dist Cotta. Et pourtant par ce que tu as diuisé toute la question en quatre parties, & que nous auons dit de la premiere, considerons la seconde, qui me semble estre telle, que quand tu voulois

Z ij

DE LA NATVRE DES

monstrer quels les Dieux estoyent, tu monstrois qu'ils ne sont point. Car tu disois qu'il estoit bien mal-aisé de retirer l'esprit de l'accoustumance des yeux, mais par ce qu'il n'y auoit rien plus excellent que Dieu, tu ne doutois point que le monde ne fust Dieu, par ce qu'il n'y auoit rien meilleur en la nature des choses, pourueu que nous puissions penser qu'il est animé, ou plustost le regarder de l'ame, comme nous faisons les autres choses des yeux. Mais quand tu m'escognois que quelque chose soit meilleure que le monde, que dis-tu meilleure? Si plus belle, ie m'y consens, si plus propre à noz vtilitez, ie m'y accorde aussi, mais si tu dis qu'il n'est rien plus sage que le monde, ie ne m'y puis consentir aucunemẽt. Non qu'il soit malaisé de retirer des yeux l'entendement mais d'autant plus que ie l'en retire, d'autant moins puis-ie comprendre de la pensee ce que tu veux. Il n'est rien meilleur en la nature des choses que le monde, ny en la terre aussi que nostre cité. Penses-tu donques pour cela que la raison, la pensee, l'entendement soit en nostre cité? ou pource qu'elle n'y est pas, penses tu pourtant, qu'il faille preferer vne formy à ceste cité tresbelle, par ce qu'il n'y a point de sens en la ville, & en la formy y a non seulement sens, mais aussi pẽsee, raison, & memoire? Il faut voir Balbus que c'est qui t'est concedé, non pas prendre pour confessé ce que tu veux. Car la vieille conclusion de Zenon brefue & aguë, comme il te sembloit a dilaté tout ce lieu. Car Zenon cõclud ainsi. Ce qui

vse

DIEVX LIVRE III.

vſe de raiſon eſt meilleur que ce qui n'vſe point de raiſon, or n'y a-il rien meilleur que le monde, donques le monde vſe de raiſon. Par cela ſi tu veux, tu feras que le monde ſemblera pouuoir fort bien lire vn liure. Car ſuyuant les pas de Zenon tu pourras conclure la raiſon en ceſte maniere. Ce qui eſt lettré, eſt meilleur que ce qui n'eſt point lettré, or n'y a-il rien meilleur que le monde, le monde donques eſt lettré. Par ce moyen tu le feras diſert, voire Mathematicien, Muſicien, en ſomme poly en toute doctrine, & finablement le móde ſera philoſophe. I'ay dit ſouuentesfois q̃ riẽ n'eſt fait ſans Dieu, & que la nature n'a point de puiſſance de faire choſes entre elles diſſemblables. I'accorderay non ſeulement que le móde eſt animé & ſage, mais auſſi ioueur de harpe, & de fluſtes, par ce que les hommes ſont procreez de luy douëz de ces arts. Donques ce pere des Stoïques n'ameine rien parquoy nous deuions penſer que le monde vſe de raiſon, ny meſme pourquoy il doyue eſtre animant. Le monde donques n'eſt pas Dieu, & toutesfois il n'y a rien meilleur que luy, car il n'y a rien plus beau que luy, rien plus ſalutaire, rien qui nous ſoit d'vn aſpect plus orné, ny plus conſtant en mouuement. Que ſi le móde vniuers n'eſt pas Dieu, ny les eſtoilles auſſi qu'inombrables tu mettois au nombre des Dieux, deſquelles les cours egallez & eternels te delectoyent, & certainement non ſans cauſe, car elles ont vne admirable & incroyable cóſtance. Mais toutes choſes, Balbus, qui ont cours cer

DE LA NATVRE DES

tains & constans, & qui les conseruent, ne se doyuent pas plustost attribuer à Dieu qu'à la nature. Qu'estimes-tu qui se puisse faire plus constamment que le mouuement de l'Euripe Calcidien, coup sur coup fluant & refluant? Quoy plus que la mer Sicilienne? Quoy plus que l'ardeur de l'Ocean en ces lieux.

Où l'onde rauissant & le flot qui galope
Va diuisant soudain & l'Afrique & l'Europe ?

Quoy les fluz & refluz des mers soyét d'Espagne, soyent d'Angleterre, & par certain temps leur aller & retour, ne se peuuent ils point faire sans Dieu? Voy ie te prie, si nous disons que tout mouuement, & toutes choses qui en certain temps conseruent leur ordre, soyent diuines, qu'il ne nous faille dire aussi que les fieures tierces & quartes sont diuines, car que peut-il estre plus constant que leur retour & mouuement ? Mais il faut rendre raison de toutes ces choses, ce que quand vous ne pouuez faire, vous recourez à Dieu, comme à vn autel sacré. Et Chrysippe te sembloit, dire subtilement, homme sans doute fin & rusé. J'appelle fins & accorts ceux-là desquels la pensee se tourne legerement. Et rusez & cauds ceux-là desquels comme les mains du trauail, ainsi l'esprit est rencally d'vsage. Si donques il y a quelque chose, dit-il, que l'homme ne puisse faire, celuy qui fait cela est meilleur que l'homme: or l'homme ne peut faire les choses qui sont au monde, celuy qui
la

la donc peu, est plus excellent que l'homme. Or qui peut estre plus excellent que l'homme, sinon Dieu? Il est donc vn Dieu. Toutes ces choses tournent en la mesme erreur que celles de Zenon. Car on ne distingue point que c'est qui est meilleur, qui est plus excellent, quelle difference il y a entre la nature, & la raison. Et luy mesme, s'il n'est point de dieux, denie qu'il puisse estre en la nature quelque chose meilleure que l'homme : or qu'vn homme pense qu'il n'y ait rien meilleur que l'homme, il iuge qu'il appartient à vne souueraine arrogance. Et bien que ce soit le fait d'vn homme arrogant de s'estimer d'auantage que le monde : mais si n'est-ce pas le fait d'vn homme arrorogant, ains plustost prudent, d'entendre qu'il a & sens, & raison & oraison : & que la petite chienne ne les a pas. Et s'il y a, dit-il, vne belle maison, nous entendons qu'elle est edifiee pour les seigneurs, non pour les souriz : ainsi donques nous deuons estimer que le monde est la maison des Dieux. Certainement ie l'estimeroye ainsi, si ie pensoye qu'il fust edifié, & non pas (comme ie monstreray) fait & formé par nature. Mais Socrate s'enquiert en Xenophon, d'où nous auons prins l'ame, s'il n'y a point eu de Dieu au monde? Et de moy ie demanderay, d'où l'oraison, d'où le nombre, d'où les chants? Voire si nous n'estimons que le Soleil parle auec la Lune, quand il en approche de plus pres, ou que le monde chante

DE LA NATVRE DES

par harmonie, cóme estimoit Pythagore. Ces choses sont de nature, Balbus, d'vne nature dy-ie, non cheminant artificieusement, comme dit Zenon, (laquelle chose nous verrons incontinét quelle elle est) ains tout sçachant & agitant par ses mouuemens & mutations. Et pourtant ce discours me plaisoit de la conuenance & consentement de nature, que tu disois conspirer comme d'vne alliance continuee. Cela n'approuuois-ie point, que tu deniois n'estre peu aduenir, si telles choses n'estoient contenuës d'esprit vnique & diuin. Mais icelle s'entretient & demeure permanente par les puissances de nature, non des Dieux, & est en icelle ce consentemét que les Grecs appellent Sympathie. Mais d'autant que de son bon gré elle est plus grande, d'autant moins faut-il estimer qu'elle se fait par raison diuine. Mais qu'elle solution donnez vous à ce qu'amenoit Carneade? S'il n'y a point de corps, immortel, il n'y a point de corps sempiternel, or n'y a-il point de corps immortel, non pas mesmes indiuisible, qui ne puisse estre separé & distrait. Et comme ainsi soit que tout animal ait nature passible, il n'y en a nul d'iceux qui euite à receuoir quelque chose de dehors qui est comme la necessité de souffrir & d'endurer. Et si tout animal est mortel, il n'y en a point d'immortel. Doncques par mesme moyen si tout animal peut estre trenché & diuisé, il n'y a nul d'iceux qui soit indiuisible, ny aucun eternel. Or est-il ainsi que tout animal est appareillé pour receuoir & soustenir vne force estrangere

gere, il est donc necessaire que tout animal soit dissoluble & diuisible. Car si toute cire estoit commuable, il n'y auroit rien de cire qui ne fust commuable: & en pareil rien d'argent, rien d'erain, si la nature de l'argent & de l'erain estoit incommuable: pareillement donques, si tout ce qui est, dont toutes choses consistent est muable, nul corps ne peut estre non muable: or est cela muable dont toutes choses cõsistent, ainsi cõme il vous semble, donques tout corps est muable. S'ensuit par ce moyen que tout corps est mortel. Car tout corps est ou eau, ou air, ou feu, ou terre, ou ce qui est concret & amassé d'iceux, ou de quelque part d'iceux: or n'y a-il rié de ces choses qui ne perisse. Car toute chose terrienne est diuisee, & l'humeur est si molle qu'aisement elle se peut presser & estreindre, & le feu & l'air est aisement poussé à toutes heurtes, & la nature est grandement cedante & dissipable. D'auantage toutes ces choses perissent quand elles se conuertissent en autre nature, ce qui se fait quand la terre se tourne en eau, & quand de l'eau l'air prend naissance, & de l'air l'ether, & quand iceux mesmes de rechef retournẽt en arriere. Que si les choses perissent dont tout animal consiste, il n'y a point d'animal sempiternel. Et pour laisser ces choses, toutesfois aucun animal ne se peut trouuer, lequel & ne soit iamais né, & soit tousiours pour durer. Car tout animal a sentiment, il sent donc & le chaud & le froid, & le doux, & l'amer. Et ne peut d'aucun sentiment

A a

DE LA NATVRE DES

receuoir les choses ioyeuses, & ne receuoir point les cõtraires. Si donc il perçoit le sentiment de la volupté, il perçoit aussi celuy de douleur. Or ce qui reçoit douleur, il est necessaire qu'il reçoiue aussi la mort, & le definement. Il faut dont confesser que tout animal est mortel. En outre, s'il y a quelque chose qui ne sente ny volupté, ny douleur, cela ne peut estre animal. Que s'il est animal, il est besoin qu'il les sente, & ce qui les sent ne peut estre eteruel, or tout animal les sent, donques nul animal n'est eternel. D'auantage il ne peut estre aucun animal, auquel ne soit & appetit, & declination naturelle. Or sont appetees les choses qui sont selõ nature, & les cõtraires declinees, & tout animal en appete aucunes, & fuit les autres. Et ce qu'il fuit, cela est contre nature, & ce qui est cõtre nature, il a puissãce de tuer, il est donc necessaire q̃ tout animal perisse. Il y a des raisons inombrables par lesquelles on peut prouuer & conclure, qu'il n'y a rien qui ait sentimẽt lequel ne perisse. Car les choses mesmes qui sont senties cõme le froid, cõme la chaleur, comme la volupté, comme la douleur, & telles autres choses, quand elles sont amplifiees, elles perissent, & n'y a point d'animal sans sentiment: donques nul animal n'est eternel. Car ou la nature de l'animant est simple, de sorte qu'elle est ou terrienne, ou ignee, ou animale, ou humide, ce qu'on ne peut entendre quel il est: ou il est concret & amassé de plusieurs natures, de laquelle chacune doit auoir son propre lieu où par puissance natuturelle elle soit portee, l'vne l'infime, l'autre le supreme, l'autre le milieu. Ces choses peuuent s'entretenir pour vn temps, mais elle ne le peuuent pas tousiours. Car il est necessaire que chasque nature soit rauie en son lieu. Il n'y a donc point d'animal sempiternel. Mais les vostres Balbus ont accoustumé de r'apporter toutes choses à vne puissance de feu, ensuyuans, comme ie pense Heraclite, lequel mesmes tous n'interpretent pas d'vne mesme maniere, lequel par ce qu'il n'a pas voulu qu'on entendist ce qu'il disoit, laissons-le la. Mais vous dites ainsi, que toute puissance est vn feu. Et pourtant que quand la chaleur de l'animant deffaillyra, qu'alors il perira, & qu'en toute la nature des choses cela a vie, cela a vigueur, qui est chaud. quant à moy ie ne puis entendre comment les corps meurent estant la chaleur esteinte, & qu'ils ne meurent pas ayans perdu l'humeur ou l'haleine, principalement veu qu'ils perissent mesme par trop grand chaleur. Parquoy cela est commun du chaud, toutesfois voyons en l'issuë. Par ainsi vous voulez, comme ie pense, qu'il n'y ayt rien qui soit animal de dehors en la nature & au monde, horsmis le feu : & pourquoy plustost que horsmise l'ame ? donc consiste l'anime des animants, & d'où l'ame est denommee. Et comment prenez vous cela pour accordé, que l'ame n'est rien sinon vn feu. Car il me semble plus probable que l'ame, soit ie ne sçay quoy de tel, qui soit temperé de

Aa ij

feu & d'ame, ou d'air. Que si le feu de soymesme est animal, sans qu'il sy mesle aucune autre nature, par ce que quand il est en noz corps il fait que nous sentions, luy mesme ne peut estre sans sentiment, derechef les mesmes choses se peuuent dire. Car tout ce qui est, qui a sentiment, il est necessaire qu'il sente & volupté & douleur, & à celuy auquel douleur aduient, à celuy mesme arriue la mort. Par ainsi vous ne pouuez aussi faire le feu eternel. Car quoy, ne vous semble-il pas que tout feu a besoin d'aliment? & qu'il ne peut aucunement demeurer permanent, s'il n'est nourry? Et que le Soleil, la Lune, & les autres Astres sont nourris les vns d'eaux douces, les autres de marines? Et ameine Cleante la mesme cause, pourquoy le Soleil se retire, & ne passe point plus auant au rond Solsticial, ny mesme en l'hyuernal, de peur que plus loin il ne s'esloigne de la viande. Nous verrons incontinent comme il va de tout cela.

Maintenant tirons la conclusion que ce qui peut mourir n'est pas eternel par nature: & que le feu est pour mourir s'il n'est nourry, donques le feu n'est pas sempiternel par nature. Et quel Dieu pouuons nous entendre qui ne soit doüé d'aucune vertu? Car quoy? attribuerons-nous la prudence à Dieu, laquelle consiste de la science des choses bonnes & mauuaises, & de celles qui ne sont ny bonnes ny mauuaises, a laquelle n'y a rien de mal, ny n'y en peut auoir. Que luy est-il besoin du choix

des

des biens & des maux? quoy de raiſon, quoy d'intelligence? deſquelles nous vſons à ceſte fin que par les choſes manifeſtes nous entendions les obſcures. Or rien ne peut eſtre obſcur à Dieu. Car la Iuſtice qui diſtribuë à vn chacun ce qui eſt ſien, qu'appartient elle aux Dieux? Car comme vous dittes, la ſocieté & la communauté des hommes a procree la iuſtice. Et la temperance conſiſte à ſe paſſer des voluptez du corps, laquelle ſi elle a place au ciel, il y a lieu auſſi pour les voluptez. Car comme peut on entendre que Dieu ſoit fort, eſt-ce en douleur, ou en labeur? ou en peril? de tout cela rien ne touche à Dieu. Comment eſt-ce donques que nous pouuons entendre ny Dieu vſant de raiſon, ny doüé d'aucune vertu? Et ne puis que ie ne meſpriſe l'ignorance du vulgaire & des hommes groſſiers quand ie conſidere ce que diſent les Stoïques. Car ce ſont propos d'hommes ignorans. Les Syriens reuerent vn poiſſon. Les Egyptiens ont conſacré preſque toute ſorte de beſtes. Et ores en la Grece ils ont pluſieurs des hommes qui ſont Dieux, les Alabandes ont Alabande, les Tenediens Tenes, toute la Grece a Leucothee qui fut Ino, & ſon fils Palemon : & Hercule, Eſculape, les Tyndarides : les noſtres ont Romulus & pluſieurs autres, qu'ils eſtiment auoir eſté receuz au ciel comme nouueaux & adoptez citoyens, voyla donques que diſent les indoctes. Et vous philoſophes que dittes-vous de

Aa iij

meilleur. Ie laisse ces choses car elles sont excellentes & bien que le monde soit Dieu, ie croy que c'est ce qu'en a dit Ennius,

Le blanchissant & le sublime Ether
Que tout chacun reclame Iuppiter.

Pourquoy donques y adioignons-nous plusieurs dieux? & combien est grande leur multitude? Car certainement quant à moy ils me semblét plusieurs car tu nombres toutes les estoilles pour Dieux, & les appelles ou du nom des bestes, cõme la cheure, comme la louue, comme le thoreau, comme le lyõ: ou des choses inanimees cõme l'Argo, comme l'Autel, comme la Couronne. Mais encor que toutes ces choses fussent concedees, les autres comment est-ce qu'elles peuuent estre. Ie ne dy pas concedees, mais seulement entenduës? Comme quand nous disons les blez Ceres, le vin Liber, nous vsons d'vne façon de parler vsitee: mais qui penses-tu estre tant despourueu d'entendement, qui croye que cela qu'on menge soit Dieu? Car ceux que tu dis qui d'entre les hommes sont paruenus à estre Dieux, tu me dõneras raison comment cela s'est peu faire, ou pourquoy il a cessé d'estre fait, & de moy ie l'apprendray voluntiers. Certainement comme il est maintenant ie ne voy point comment celuy auquel les lampes furent apportees au mont Oeta, ainsi que dit Accius soit paruenu de ceste ardeur en la maison eternelle du pere, qu'Homere toutesfois fait estre abordé aux enfers par Vlysse, comme les autres qui estoyét partis

DIEVX LIVRE III. 92

tis de ceste vie. Bien que certainement ie desireroye sçauoir quel Hercule nous honorons. Car ceux-là qui recherchent les lettres plus occultes & secrettes, nous en baillent plusieurs, le plus antique né de Iuppiter, mais encor du Iuppiter plus antique. Car aussi nous auons trouué plusieurs Iuppiters aux vieilles lettres des Grecs. Donques du Lysite fut engendré cest Hercule que nous auons apprins auoir iousté auecques Apolló pour le Trepié. L'autre Egyptiẽ est dit estre né du Nil, qu'on tient auoir escrit les lettres Phrygiennes. Le tiers est des Dactyles Idees, auquel ils font les seruices & ceremonies des trespassez. Le quart est de Iuppiter, d'Asterie seur de Latone, que les Tyriens honorent principalement duquel ils disent Carthage estre fille. Le cinquiesme en Indie qui se nõme le Bel. Et le sixiesme est cestuy que Iuppiter engẽdra d'Alcmene, mais ce fut le troisiesme Iuppiter, car comme ie mõstreray maintenant nous auõs apprins qu'il y a eu plusieurs Iuppiters. Car puisque le discours m'a tiré en ce lieu, ie monstreray que i'ay apprins choses meilleures touchant l'adoration des Dieux immortels au droit pontifical & coustume de noz maieurs, aux petits vaisseaux à sacrifier que nous a laissez Nume Pompile, de quoy Lelius a traitté en ceste petite harangue doree, que non pas des raisons des Stoïque. Car si ie vous ensuy, dy moy qu'est-ce que ie respondray à qui m'interrogeroit en ceste maniere. Si ceux-là sont dieux, ne sont pas aussi les Nymphes deesses ? si

DE LA NATVRE DES
les Nymphes, aussi sont les Panisques & les Satyres. Or ceux-cy ne sont point, aussi ne sont donques les Nymphes deesses. Mais elles ont des temples publiquement vouëz & dediez. Quoy donques ? dirons nous que les autres aussi ne soyent pas Dieux, desquels les temples sont dediez? Or sus donques tu nombres pour Dieu Iuppiter & Neptune, donques Orcus leur frere sera Dieu,& ceux qu'on dit couler aux enfers Acheron, Cocyte, Styx, Phlegeton, puis il faudra tenir pour Dieux & Charon & Cerbere. Mais cela doit estre reietté, donques Orcus aussi ne sera point Dieu. Que direz vous doncques des freres? voyla que traittoit Carneade, non pas pour oster les Dieux, car qu'est-il rien moins conuenant à vn philosophe? Mais pour conuaincre que les Stoïques n'auoyent rien desployé ny demonstré des Dieux. Parquoy il poursuyuoit. Car disoit-il, si ces freres sont au nombre des Dieux, peut-on nier de leur pere Saturne que le populace principalement honore vers l'Occident? Que s'il est Dieu, il faut aussi confesser que son pere Celus est Dieu. Et s'il est ainsi, les parens de Celus doyuent encor estre tenus pour dieux l'Ether & le iour, & leurs freres & sœurs, qui se nomment ainsi aux Genealogies antiques, Amour, la fraude, la crainte, labeur, enuie, le destin, vieillesse, la mort, les tenebres, la misere, la complainte, la grace, le dol, l'opiniastreté, les Parques, les Hesperides, les songes, que tous ils disent estre nez de l'Erebe, & de la nuict.
Ou

DIEVX LIVRE III. 93

Ou bien doncques il faut approuuer ces monstres, ou il faut oster les premiers. Quoy Apollon, Vulcan, Mercure, & les autres dirons nous que ils sont Dieux? douteras-tu de Hercule, Esculape, Liber, Castor, Pollux? mais ceux-cy sont honorez aussi bien comme ceux-là, voire encores d'auantage à l'endroit d'aucuns : doncques ceux-cy doiuent estre tenuz pour Dieux nez de meres mortelles. Quoy d'Aristee qui est dit inuenteur de l'Oliue, fils d'Apollon, de Thesee, fils de Neptune, des autres dont les peres sont Dieux, seront ils point des Dieux au nombre? quoy ceux dont les meres sont Deesses? ie pense encores d'auantage. Car comme en droit ciuil celuy qui est né de mere libre, est libre, ainsi en droit naturel celuy qui est né de mere Deesse, il est necessaire qu'il soit Dieu. C'est pourquoy les insulaires Astipaliens honnorent Achille comme tressaint: que s'il est Dieu, & Orphee, & Rhese sont Dieux, nez d'vne mere Muse. Voire s'il ne faut preferer les nopces marines aux terriennes. Si ceux-cy sont Dieux, par ce qu'ils ne sont honorez en aucun lieu, ceux-là comme le sont-ils? ainsi doncques que tels honneurs ne soient rendus aux vertus des hommes, non aux immortels: ce qu'il semble que toy-mesme Balbus, ayes voulu dire. Et si tu estimes Latone Deesse, comment est-ce que tu n'estimeras Hecate, qui est yssuë de la mere Asterie, & seur de Latone? celle-cy encores est elle Deesse? car nous auons veu ses autels & ses temples en la Grece. Que si celle-cy est

Bb

DE LA NATVRE DES

Deeſſe, pourquoy non les Eumenides? que ſi Deeſſes elles ſont qui ont vn temple en Athenes & chez
nous, comme i'interprete le boſcage de Furine, les
Furies ſont Deeſſes, ſpeculatrices, comme ie croy,
& végereſſes des crimes & forfaits. Que ſi les Dieux
ſont tels qu'ils aſſiſtent aux choſes humaines il faut
auſſi eſtimer Nation Deeſſe, à laquelle nous auons
accouſtumé de faire ſacrifice, quand nous tour-
noyons à l'entour des moutiers en la campagne Ar-
deate. Laquelle par ce qu'elle garde les enfantemens
des matrones elle a eſté nommee pour les enfans
naiſſans, Nation. Que ſi elle eſt Deeſſe, tous ceux-
là ſont Dieux que tu raméteuois, l'Honneur, la Foy,
la Penſee, la Concorde: doncques auſſi l'Eſperance,
la Monnoye, & toutes les choſes que par cogitation
nous nous pouuons feindre. Que ſi cela n'eſt pas
vrayſemblable, cela ne l'eſt pas auſſi dont telles choſes ſont decoulees. Que dis-tu doncques, ſi ceux-là
ſont Dieux que nous honorons & receuons, pourquoy ne côterôs nous au nôbre & Serapis & Iſis? que
ſi nous le faiſons, pourquoy reiettons les Dieux des
Barbares? il nous faudra donc mettre au nombre des
Dieux les Bœufs, & les Cheuaux, les Ibes, les Eſper-
uiers, les Aſpids, les Crocodiles, les Poiſſôs, les Chiés,
les Loups, les Chats, & pluſieurs autres beſtes: que ſi
nous les reiettons, nous reietterons auſſi les choſes
dont ils ſont nez. Quoy puis apres? Ino ſera ditte Deeſſe, & ſera ditte Leucothee des Grecs, & de
nous Matute, bien qu'elle ſoit fille de Cadmus? &
Circe,

Circe, & Pasiphae, & les Hesperides nees de la fille de l'Ocean, & du Soleil leur pere, seront-elles point au nombre des Dieux? combien que les Circeyens, qui habitent nostre terroir, honorent aussi religieusement Circe. Doncques la diras-tu Deesse? que respondras tu à Medee, qui a esté procréee de deux ayeux le Soleil & l'Ocean, du pere Aceta, & de la mere Idyie? que feras-tu à son frere Absyrte, qui en Pacuue est dit Egialee. Mais ce nom là est plus vsité aux lettres des antiques. Que fils ne sont point Dieux, ie doute bien que fera Ino. Car toutes ces choses sont decoulees d'vne mesme fonteine. Sera encores Amphiaras Dieu, & Trophoine? certainement noz peagiers, comme les champs eussent esté exceptez en Beoce des Dieux immortels par la loy Censorienne, mescognoissoient aucuns estre immortels qui eussent esté autresfois Dieux. Mais si ceux-cy sont Dieux, certainement Erechthee l'est, duquel en Athenes nous auons veu & le moutier, & le prestre? que si nous le faisons Dieu que pouuons nous douter ou de Codrus, ou des autres qui combattans pour la liberté du pays sont morts vaillamment. Que s'il n'est pas probable, aussi ne sera ce que dessus, dont ces choses procedent, probable ny receuable. Et peut on bien entendre qu'en plusieurs citez la memoire des vaillans hommes a esté consacree en honneur de Dieux immortels, pour augmenter la vertu, à fin que plus

DE LA NATVRE DES
volontiers en faueur de la Republicque chafque hōme de bien se mist en hazard de sa vie? car pour ceste mesme cause Erechthee en Athenes, & ses filles sont au nombre des Dieux? mesmes en Athenes est le moutier Leonatic, qui est nommé Leocorion. Les Alabandiens honorent plus faintement Alabande, duquel la ville fut ediffiee, qu'ils ne font pas aucū des nobles Dieux, chez lesquels rencontra gentiment Stratonique, comme en plusieurs autres, comme quelqu'vn auecques trop d'ennuy luy confermast qu'Alabande estoit Dieu, & nioit qu'Hercule le fust. Doncques, dit-il, qu'Alabande soit courroucé contre moy, & contre toy Hercule. Mais ce que tu tirois du ciel & des Astres, Balbus, ne vois tu point cōbien loing il rampe? que le Soleil estoit Dieu & la Lune, l'vn desquels les Grecs estiment estre Apollon, & l'autre Diane. Que si la Lune est Deesse, doncques aussi Lucifer & les autres Planettes obtiendront le nombre des Dieux. Doncques aussi les estoilles non errantes. Et pourquoy ne sera mise au nombre des Dieux l'apparēce de l'Arc en ciel? car il est fort beau, & pour ceste apparence d'autant que la cause en est admirable, on dit qu'Iris est nee de Thaumante. De laquelle si la nature est diuine, que feras-tu aux nuees? car l'arc est fait de nuees, aucunement coloré : desquelles l'vne est ditte auoir mesmes enfanté les Centaures. Que si tu mets les nuees entre les Dieux, certainement il y faudra aussi mettre les tempestes, qui par les ceremonies du peuple Romain ont esté consacrees.

DIEVX LIVRE III.

sacrees. Doncques les pluyes, les guilees, les agitations de mer, & les tourbillons doiuent estre tenuz pour Dieux. Certainement noz Capitaines entrans sur la mer ont accoustumé d'ĩmoler vne hostie aux flots. Que si Ceres est nommee à *gerendo* (de porter) car ainsi le disois-tu, la terre aussi est Deesse, & pour telle est tenuë, car qu'est-ce que *Tellus* sinon la terre? si sera la mer que tu appellois Neptune. Doncques & les fleuues & les fonteines. C'est pourquoy Marso de Corsique dedia vn moutier à la fonteine: & en la priere des Augures nous voyons les noms de Tiberin, de Spinon, d'Amene, de Nodin, & autres des fleuues prochains. Doncques cela rampera infiniment, où nous ne receurons rien de toutes ces choses, ny ne sera prouuee ceste infinie raison de superstition. Doncques il ne faut rien approuuer de ces choses. Il faut doncques Balbus que nous disions, encores à l'encontre de ceux-là qui disent non de fait, mais par opinion ces Dieux de la race des hommes auoir esté translatez au ciel, lesquels nous venerons tous augustement & saintement. En premier lieu ceux qui se nomment Theologiens nombrent trois Iupiters, lesquels le premier & le second ont esté nez en Arcadie: l'autre du pere Ether, duquel aussi ils disent Proserpine estre nee, & Liber. L'autre du pere Celus, qui est dit auoir engendré Minerue, que ils tiennent la Princesse, & inuentrice de la guerre. Le tiers de Crete, à present Candie, fils de Saturne, duquel en ceste Isle se demonstre le sepulchre & mo-

Bb iij

DE LA NATVRE DES

nument. Mesmes les Dioscures ou Gemeaux se nõment en plusieurs sortes entre les Grecs. Les trois premiers qui sont dits Anates en Athenes nez du tref-antique Iupiter & de Proserpine, Tritopatree, Eubulee & Denis. Les seconds nez du tiers Iupiter & de Leda, Castor & Pollux. Les tiers sont nommez d'aucuns Aleon, Melampe, & Emole fils d'Atree qui fut engendré de Pelops. Or quant aux Muses les quatre premieres sont nez de l'autre Iupiter, Telxiope, Aœde, Edarche, Melete. Les secõdes ont esté engẽdrees du tiers Iupiter & de Mnemosyne neuf en nombre. Les tierces nees du tiers Iupiter Pierien, & d'Antiope, que les Poëtes ont accoustumé d'appeller Pierides & Pieries, de mesmes noms, & en mesme nombre que les prochaines superieures. Et comme ainsi soit que tu dises que le Soleil a esté ainsi appellé par ce qu'il est seul, toutesfois les Theologiens nous produisent plusieurs Soleils. L'vn d'iceux né de Iupiter, neueu de l'Ether, l'autre d'Hyperion, le tiers de Vulcã fils du Nil, duquel les Egyptiẽs veulent estre la ville qui se nomme Heliopolis, Soleilville. Le quart est celuy duquel les Rhodiens disent auoir enfanté Acantho aux temps heroïques, Ialyse, Camire, Linde. Le cinquiesme qui est dit auoir procrée en Colchos Ete, & Circe. Il y a eu aussi plusieurs Vulcans. Le premier né de Celus, duquel & de Minerue fut produit cest Apollon, en la garde duquel les vieux Historiens veulent auoir esté Athenes.

DIEVX LIVRE. III. 96

thenes. Le second né au Nil est Opas, comme l'appellent les Egyptiens qu'ils disent estre le gardien d'Egypte. Le tiers est celuy qui est né du tiers Iuppiter & de Iunon qu'on dit auoir presidé à la forge & fabrique de Lemnos. Le quart est né de Menalie, qui tint les Isles aupres de Sicile, qui se nommoyent Vulcaniennes. Le premier Mercure est né du pere Celus & de la mere Iournee, de qui on dit la nature auoir esté plus villainement excitée, par ce qu'il fut esmeu du regard de Proserpine. Le second fils de Valent & de Phoronide, celuy mesme qui est estimé soubs terre Trophoine. Le tiers né du tiers Iupiter, & de Maia, duquel & de Penelope, ils disent Pan estre né. Le quart du pere le Nil, que les Egyptiens font conscience de nommer. Le cinquiéme celuy qu'adorent les Pheneates, qu'on dit auoir inuenté l'argent, & tué Argus, & pour ceste cause auoir esté preposé en Egypte, & auoir baillé aux Egyptiens & les lettres & les loix. Les Egyptiens l'appellent Theutate, & du mesme nom s'appelle entr'eux le premier mois de l'an. Le premier des Esculapes fut fils d'Appollon qu'honorent les Arcades, & lequel on tient auoir inuenté l'esprouuette de chirurgien, & le premier auoir estreint & reserré la playe. Le second frere du second Mercure, lequel frappé de la foudre on dit auoir esté enterré à Cynosures. Le tiers fils d'Arsippe & d'Arsinoé, qui le premier, comme ils

disent, trouua le moyen de purger le ventre, & d'arracher les dents, duquel on monstre le sepulchre, & le boscage en Arcadie non gueres loin du fleuue Lusie. Des Apollons celuy est le plus antique, qu'vn peu deuant i'ay dit estre né de Vulcan gardien d'Athenes. L'autre fils de Corybante né en Crete, lequel on dit auoir eu debat auecques Iupiter mesme, pour le domaine de l'Isle de Candie. Le tiers né du tiers Iupiter & de Latone, qu'on dit estre venuë des monts Hyperborees en Delphes. Le quart né en Arcadie, que les Arcades appellent Nomion, par ce qu'ils disent auoir de luy receu les loix. Il y a encores plusieurs Dianes. La premiere fille de Iupiter & de Proserpine, qu'on dit auoir produit le Cupidon aislé. La seconde plus cogneuë, que nous auons apprins estre fille du tiers Iupiter & de Latone. De la tierce on dit Vlpis estre le pere, & Glauce la mere, les Grecs souuent la nomment Vlpis du nom paternel. Nous auons plusieurs Denis. Le premier né de Iupiter, & de Proserpine. Le second du Nil, qu'on dit auoir tué Nise. Le tiers du pere Caprie, & tiennent qu'il fut Roy presidant en Asie, lequel institua les Abazees. Le quart fils de Iupiter & de la Lune, auquel on estime estre faites les sacrees ceremonies Orphiques. Le cinquiesme né de Nisus & de Thiore, duquel on tient auoir esté instituees les festes Trieterides, c'est à dire, celebrees de trois ans en trois ans. La premiere Venus nasquit de Celus & de la Iournee, de laquelle nous voyons le moutier en Elide. La seconde
Aphrodite

Aphrodite fut engendree de l'escume de la mer, de laquelle & de Mercure nous auons appris estre né le second Cupidon. La tierce nee de Iupiter & de Dione, qui fut mariee à Vulcan, mais d'elle & de Mars on dit Anteros, ou le contr'amour, estre né. La tierce conceuë de Syrie, & de Cyrus, qu'on nomme Astarte, qu'on dit auoir espousé Adonis. La premiere Minerue est celle que cy dessus nous auons dit estre mere d'Apollon. La seconde fille du Nil, que les Saïtes Egyptiens honorent. Et la tierce celle que cy dessus nous auons dit auoir esté engendree de Iupipiter. La quarte nee de Iupiter & de Corse fille de l'Occean, que les Arcadiens nomment Corie, & la tiennent inuentrice des chariots à quatre roües. La cinquiesme fille de Pallante, qu'ont dit auoir tué son pere, qui s'efforçoit de violer sa virginité, à laquelle ils attachent des talonnieres aislees. Le premier Cupidon est dit estre fils de Mercure, & de la premiere Diane. Le second de Mercure & de la seconde Venus. Le tiers est Anteros ou le contr'amour, né de Mars & de la tierce Venus. Or ces genealogies & autres semblables, ont esté recueillies de l'antique renommee de la Grece, ausquelles tu entens bien qu'il faut resister de peur que les religions ne soient partroublees. Mais les vostres non seulement ne les refutent pas : mais aussi les conferment, interpretant à quoy chasque chose appartient. Mais retournons maintenant d'où nous nous sommes esgarez. Penses-tu doncques qu'il soit besoing d'v-

Cc

ne plus subtile raison pour refuter ces choses? car la Pensee, la Foy, l'Esperance, la Vertu, l'Honneur, la Victoire, le Salut, la Concorde, & tels autres noms, nous voyons qu'ils contiennent la puissance des choses, non des Dieux: Car ou bien elles sont en nous mesmes, comme la Pensee, comme l'Esperance, comme la Foy, comme la Vertu, comme la Concorde : ou elles nous sont à desirer, comme l'Honneur, comme le Salut, comme la Victoire, desquelles choses ie voy l'vtilité, & voy aussi les simulachres consacrez. Mais pourquoy en iceux soit la force de Dieux, alors ie l'entendray quand ie le cognoistray. Auquel rang principalement doit estre la fortune nombree, laquelle nul ne separera de l'inconstance & temerité, lesquelles certes ne sont pas dignes de Dieu. Mais pourquoy vous delecte tant ceste explication de fables, & ce denoüement de noms, que Celus fut chastré de son fils, & de son fils aussi fut Saturne lié? cela & telles autres choses deffendez vous de sorte, que ceux qui les ont feintes, non seulement ne semblent pas auoir esté insensez, mais d'abondant auoir esté sages. Et pour denoüer les noms, ce qui est miserable, vous vous trauaillez beaucoup. Saturne est dit par ce qu'il est saoulé d'annees. Mauors par ce qu'il renuerse choses grandes. Minerue par ce qu'elle diminuë, ou qu'elle menace. Venus pour ce qu'elle vient à toutes choses. Ceres à *gerendo*, c'est à dire de porter.

Que

Que cefte couftume eft dangereufe? car en plufieurs noms vous demeurerez court. Que ferez vous à Vejone? quoy à Vulcan? combien que puis que vous eftimez Neptune auoir efté dit de nager, il ne fe trouuera nom quelconque que d'vne lettre vous ne puiffiez defployer dont il eft defduit. En quoy certes tu me fembles auoir pluftoft nagé que le mefme Neptune. Zenon le premier a entrepris vne chofe fort ennuyeufe & peu ou point neceffaire, apres Cleanthe, puis apres Chryfippe, de rendre la raifon des fables controuuees, & defployer les caufes des noms pourquoy chafque chofe a efté ainfi appellee.
Ce que quand vous faites, certainement vous confeffez que la chofe va bien autrement que n'eft l'opinion des hommes. Car ceux qui font appellez Dieux, font les natures des chofes, non figures de Dieux. Laquelle erreur a efté fi grande qu'aux chofes pernicieufes on a donné non feulement le nom de Dieux, mais d'abondant facrez feruices leur ont efté ordonnez, Car nous voyons le moutier de la fieure au mont Palatin, & le temple des Lares, & l'autel de male-aduanture, confacré au mont Exquilien. Que doncques toute telle erreur foit chaffee de la Philofophie, à fin que quand nous difputerons des Dieux immortels, nous difions chofes dignes des Dieux immortels, defquels i'ay bien que c'eft que ie doy fentir,

Cc ij

mais ie n'ay pas en quoy ie te puisse consentir. Tu dis que Neptune est celle ame qui auec intelligence penetre par la mer: & le mesme de Ceres. Mais ceste intelligence soit de la mer, soit de la terre, tant s'en faut que ie la puisse comprendre de l'ame, que ie ne la puis pas seulement attoucher par suspition. Pourtant il me faut rechercher d'ailleurs, à fin que ie puisse apprendre & qu'il est des Dieux, & quels ils sont, que non pas tels que tu les veux estre, voyons ce qui s'ensuit. Premierement si le monde est gouuerné par la prouidence des Dieux: puis apres si les Dieux preuoyent & pouruoyent aux affaires humaines. Car ces deux points me restent de ta diuision, desquels, s'il vous semble bon, i'estime qu'il faille discourir plus exquisement. Quant à moy, dit Velleius, il me semble fort bon, car i'atten d'ouyr choses plus grandes, & consens merueilleusement à ce qui a esté dit. Alors Balbus, ie ne te veux point interpeller, dit-il, Cotta. Mais nous prendrons vn autre temps, & feray certes que tu le confesseras.

† † †

Icy deffaillent plusieurs propos en l'original Latin.

Mais celle part celle-là n'ira point,
Car il y a grand debat en tout point:
De moy qu'à eux ie le vueil supplier.
En parler doux, & tant m'humilier?

Niobe

DIEVX LIVRE III.

Niobé semble elle peu raisonner, & machiner vne meschante peste à soy-mesme? mais que cela est dit d'vne accorte raison?

Qui veut ce que ie veux, la chose ainsi se donne,
Comme on y met de peine,
Qui est vn vers semeur de tous maux.
D'vn penser de trauers, & d'vn esprit bisarre,
Auiourd'huy m'a baillé le verroul & la barre,
Desquels ie mettray hors tout ire & tout courroux
Et luy apporteray tout dommage entre nous.
A moy toute amertume, & à luy tout triste dueil,
A luy ruine & mort, pour moy l'exil ie vueil.

Certainement les bestes n'ont pas ceste raison que vous dittes auoir esté donnee à l'homme seul par le diuin benefice. Voyez vous doncques point de quel present les Dieux nous ont doüez. Et la mesme Medee fuyant & son pere & son pays.

Puis que le pere approche, & ia desia s'appreste
De la prendre & saisir, comme vne fiere beste
Elle assomme l'enfant, & couppe par tronçons
Les membres palpitans en diuerses façons
Et respand par les champs ce corps en mainte place
Afin que ce pendant que de sa chere race,
Le pere va cueillant les membres dissipez,
Elle s'en peust fuir aux vaisseaux esquippez
A fin que l'amer dueil de suiuir le retarde,
Et qu'elle se sauuast, au forfait ne prend garde.

Cc iij

DE LA NATVRE DES

Comme la meschanceté ne luy deffaillit point en ce fratricide, aussi ne luy deffaillit point la raison. Que diray-ie de celuy qui apprestant le funebre banquet à son frere, ne tourne il pas çà & là par pensement la raison?

Il me faut entreprendre encores vn plus grand fait,
Encores me faut mesler plus enorme forfait,
A fin que ie luy broye & estreindre luy face
Son cueur fier & cruel & trop enflé d'audace.

Et ne faut pas oublier celuy qui ne se contenta pas d'auoir alleché à paillardise & adultere la femme d'autruy, duquel droittement & tres-veritablement parle Atree.

Ce qu'en supreme fait ie tien danger supréme
C'est les meres souiller du royal diadesme
Honnir toute leur race, & de mesler leur sang.

Mais combien feist-il cela finement, qui cherchoit à s'emparer du regne par adultere?

I'adiouste icy, dit-il, prodige manifeste
Miracle à moy transmis par le pere celeste,
Et l'establissement de mon Royaume fort,
Que du palais royal vn Thieste a grand tort
Ait bien osé rauir vn tendre & doux aigneau
Clair de perruque d'or d'entre tout le troupeau
En quoy faire il a pris pour aide son espouse.

Ne

Ne semble-il pas auoir vsé d'vne meschanceté souueraine non sans vne souueraine raison? & non seulement la Scene & le Theatre est remply de tels crimes & forfaits: mais beaucoup plus la vie commune presque de plus grands. La Maison d'vn chacun le sent, le Parquet le sent, la Cour le sent, les Compagnons, les Prouinces, que tout ainsi que par raison on fait droittement, ainsi l'on peche par raison : mais l'vn rarement & de peu, l'autre de plusieurs & tousiours, de sorte que bien souuent il vaudroit mieux que les Dieux immortels ne nous eussent du tout donné aucune raison, que la nous auoir donné si grande auecques perte & ruine. Comme le vin aux malades par ce qu'il prouffite rarement, & nuist souuentesfois, il est meilleur ne leur bailler point du tout, que soubs espoir de santé douteuse encourir vne ruine ouuerte: ainsi ie ne sçay s'il eust point esté meilleur, n'auoir aucunement donné au genre humain ce viste mouuement de la pensee, ceste pointe, ceste subtilité d'esprit que nous nommons la raison, par ce qu'elle est pestifere & nuisante à plusieurs, & salutaire à bien peu, que de luy auoir donnee tant magnifiquement & tant largement. Parquoy si la pensee & la volonté diuine a pour cela préueu & pourueu aux hommes, qu'elle leur a fait largesse de la raison, elle a proffité à ceux-

DE LA NATVRE DES

là seulement, qu'elle a douez de bonne raison, lesquels nous voyons, s'il y en a aucuns, estre bien peu en nombre : or ne voulez vous pas que les Dieux immortels ayent proffité à peu d'hommes, il s'ensuit doncques qu'ils n'ont proffité à personne.

A quoy vous auez accoustumé de respondre, que pourtant les Dieux immortels n'ont pas laissé de nous proffiter tres-bien, encores que plusieurs vsent peruersement d'vn tel benefice : attendu que plusieurs aussi abusent de leurs patrimoines, pour cela toutesfois ne faut pas dire qu'ils n'ayent receu aucun benefice de leurs parens. Est-il quelqu'vn qui le denie? ou quelle ressemblance y-a-il en telle comparaison? car Deianire ne vouloit pas nuire à Hercule quand elle luy donna la tunique teinte du sang de Centaure ny proffiter à Iason Phereen celuy qui d'vn glaiue ouurit sa playe, que les medecins n'auoient peu guarir. Car plusieurs en voulant nuire ont proffité, & en voulant proffiter ont nuy. Par ainsi ne s'ensuit pas que de ce qui est donné apparoisse la volonté du donneur: ny si celuy qui reçoit en vse bien, non pourtant celuy qui a donné, a donné amiablement. Car quelle volupté, quelle auarice, quel forfait s'entreprend sans prendre conseil, ou se parfait sans mouuement d'esprit & cogitation, c'est à dire sans raison? car toute opinion est raison, & est bonne raison si elle est vraye, & mauuaise, si l'opinion est fausse.

Mais

DIEVX. LIVRE III.

Mais de Dieu seulement nous auons la raison, voire si nous l'auons, mais la raison bonne ou non bonne nous l'auons de nous. Car comme le patrimoine est delaissé, ainsi n'est pas donnee à l'homme la raison par le benefice des dieux. Car qu'est-ce que les Dieux eussent peu donner plustost aux hommes s'ils leur eussent voulu nuire? Et qu'elles semences y auroit il d'iniustice, d'intemperance, de couardise, si la raison n'estoit point subiette à tels vices? Nagueres nous faisions mention de Medee & d'Atree personnes heroïques meditans forfaits execrables par raison conçuë & soustraitte, que dirons nous des legeretez Comiques, sont elles tousiours fondees en peu de raison? dispute cestuy-là peu subtilement en l'Eunuque? Que feray ie donques? Il a exclus, il reuoq, retourneray-ie? non, encor qu'il m'en prie. Et cestuy-la en la Comedie des Damoiseaux, à la mode des Academiques, ne doute pas de disputer par raison contre la commune opinion, qui en amour souuerain, & souueraine pauureté dit estre chose douce

D'auoir vn pere auare, & bien peu gracieux,
Seuere à ses enfans, de toy non soucieux,
Et qui ne t'ayme point. Et à ceste sentence incroyable il fournit de petites raisons.

Car ou par quelque fruit tu le viendras tromper
Ou par lettres vn nom tu pourras occuper,
Ou bien le frapperas par vn pourreux esclaue,
Et bref ce que tu prens d'vn pere auare & graue

Dd

DE LA NATVRE DES

Combien plus voluntiers tu le viens dissiper?
Et luy mesme dispute qu'vn pere facile & liberal est incommode à vn fils amoureux.

Ie ne sçay nul moyen pour le pouuoir tromper,
Ny que c'est que ie puis surprendre & attraper
Ny quelle fraude ou dol en contre luy i'inuente,
Tant la commodité de mon pere m'enchante
Et mon dol ensorcele, & fallacieux tours
Que ie puis controuuer finement tous les iours.

Quoy donc ces fraudes, ces machines, ces fallaces, ces tromperies & impostures ont elles peu estre sans raison? Si que Phormion pourroit bien dire,

O beau present des dieux!

Respon.moy du vieillard, ia dans mon cœur depeins
Ie porte, & engrauez tous conseils & desseins.

Mais sortent du Theatre, venons au parquet, ie vous pry allervous soir: quoy? pour iuger celuy mesme qui a bruslé le tableau? Quel forfait plus caché. Et toutesfois Q. Sosie illustre cheualier Romain du champ Picenien, côfesse qu'il l'a fait: Qui a copié les tables publiques? Cela mesme a fait L. Aliene, quand il a imité & contrefait le signe des six premiers. Qu'est-il rien plus industrieux que cest hôme? Cognoissez des autres procez & plaintes, de l'or de Thoulouse, de la conspiration Iugurthine. Repetez de plus haut les enquestes de Tubule, de l'argẽt prins pour rendre iugement & sentence. Et les dernieres de l'inceste en la requeste Peducee. Puis ces autres plaintes ordinaires, les poignards, les venins, l'argent

pu-

public desrobbé, & encor les questions des testa-mens par la loy nouuelle. Puis apres ceste action. Que par ton ayde & conseil le larcin a esté fait. De là tant de iugemens, de la mauuaise foy, de la tutele, du mandement, pour le compagnon, de la cōfiance, & les autres, qui se font ou par achapt, ou par vente, ou par conduction, ou par loüage contre la foy donnee. Delà le iugement public, & de la chose pri-uee par la loy Letorienne. De là le filé de toutes les malices, le iugement du mauuais dol, que C. Aquilie nostre familier amy a mis en auāt, lequel dol le mes-me Aquilie dit alors auoir lieu, quand autre chose est simulee, & autre chose faitte. Estimons nous donc qu'vne si grande semence de maux ayt esté faitte des Dieux immortels? Car si les Dieux ont dō-né la raison aux hommes, ils leur ont aussi donné la malice. Car la malice est vne rusee & fallacieuse rai-son pour nuyre. Les mesmes dieux encor ont donné la fraude, le forfait, & les autres pechez, desquels rien ne peut estre entreprins, ny accomply sans raison. Donques à ma volonté comme ceste vieille desire,

Le sommier de Sapin couppé de la cognee
Dans le bois Pelien en la terre empongnee
Ne fust iamais tombé.

Ainsi à la mienne volonté que les Dieux n'eussent point dōné ceste ruse & finesse aux hōmes, de laquel le fort peu vsent biē, lesquels toutesfois eux mesmes sont souuēt opprimez de ceux qui en vsēt mal. Mais

Dd ij

innombrables en vfent peruerfement, de forte que ce don diuin de raifon & confeil femble auoir efté departy aux hommes en fraude, & non en bonté. Mais vous preffez coup fur coup, que c'eft la faute des hommes, & non pas des dieux: comme fi le medecin accufoit la grauité de la maladie & le gouuerneur de nauire la force de la tempefte: encor que ceux-cy foyent petits bouts-d'hommes, & toutesfois moquables. Car dira quelqu'vn, qui t'euft là prepofé, fi telles chofes n'eftoyent point? Il eft loifible de difputer contre Dieu plus librement. Tu dis que la faute eft aux vices des hommes, tu euffes donné aux hommes vne raifon qui euft mis-hors & les vices, & la coulpe. Où eft-ce qu'il y a donc eu lieu à l'erreur des Dieux? car nous laiffons les patrimoines en efperáce de les bien bailler, de laquelle nous pouuons eftre trompez, mais Dieu comment a-il peu eftre trompé? A ce efté comme le Soleil quand en fon coche il receut fon fils Phaëton? ou comme Neptune quand Thefee perdit Hippolite, quand par trois fois il luy fut permis de demander de fon pere Neptune? Ces contes appartiennent aux poëtes, mais nous voulons eftre philofophes autheurs des chofes, & non des fables. Et toutesfois les mefmes dieux Poëtiques, s'ils euffent fceu telles chofes eftre pernicieufes à leurs enfans, ils feroyét eftimez auoir peché en benefice. Encor que cela foit vray que fouloit dire Arifton de l'Ifle Chio. Qu'il eftoit nuifible à ceux qui oyoyent les philofophes, à ceux qui
in-

interpretoyent mal les choses bien dittes, car par ainsi ils pourroyent sortir lascifs & prodigues de l'eschole d'Aristipe, & fiers & cruels de celle de Zenon: certainement si ceux qui auroyent ouy s'en retourneroyent vicieux, il seroit meilleur aux Philosophes qu'ils se teussent, que qu'ils portassent nuysance à ceux qui les auroyent ouys. Ainsi si les hommes conuertissent en fraude & en malice la raison a eux donnee des dieux immortels par bon conseil, il valoit mieux au genre humain qu'elle ne luy eust onc esté donnee. Comme si le medecin sçauoit que le malade, à qui on auroit commandé de prendre du vin, en prendroit abondamment & du tout pur, puis mourroit incontinent, seroit en grande faute: ainsi ceste vostre prouidence doit estre reprinse, qui a donné la raison à ceux qu'elle sçauoit en deuoir vser peruersement & meschamment. Si parauenture vous ne disiez qu'elle ne l'a pas sceu, & à la mienne volunté, mais vous n'oseriez. Car ie n'ignore point combien vous estimez son nom. Mais ce lieu se peut maintenant conclure. Car si par le consentement de tous les philosophes, la philosophie est vn plus grãd mal, que si tous les maux & de fortune & du corps estoyent mis de l'autre part, & si nul n'obtient la sagesse, certainement nous sommes tous plongez en de tresgrands maux, ausquels vous dittes les Dieux immortels auoir pourueu & preueu. Car comme il n'y a point de difference si personne n'est sain, ou si personne ne peut estre sain, ainsi ie n'entend point

Dd iij

quelle difference il y a soit que nul ne soit sage, ou que nul ne le puisse estre. Mais nous auons trop discouru d'vne chose tresmanifeste. Telamon en vn seul vers comprend tout le fait, pourquoy les Dieux mesprisent les hommes.

Car s'ils ont soin de nous, soit bien aux bons tousiours
Et soit mal aux malins: ce qui est au rebours.

Certainement ils deuoyent faire que tous fussent bons, voire s'ils vouloyent proffiter au genre des hommes: sinon à la verité pour le moins ils deuoyent proffiter aux bons. Pourquoy donc le Carthaginois a-il opprimé les deux Scipions personnages tresuaillans & tresbons ? Pourquoy Fab. Maxime a-il osté son fils consulaire? Pourquoy Annibal a-il tué Marcel ? Pourquoy Cannes ont elles emporté Paul Emile? Pourquoy a esté donné le corps de Regule à la cruauté des Carthaginois ? Pourquoy les parois domestiques n'ôt elles couuert Scipion l'Africain? Mais ces exemples sont vieux, & plusieurs autres, voyons des plus modernes. Pourquoy est-ce que mon oncle homme tresinnocent & tresdocte. P. Rutilie est-il en exil ? Pourquoy est ce que mon compagnon Drusus a esté tué en sa maison? Pourquoy est-ce que le parangon de temperance & de prudence Q. Sceuole tresgrand Pontife a esté tué deuant l'image Vesta ? Pourquoy encor au precedent tant de princes de la cité ont ils esté tuez par Cinna? Pourquoy est ce que le plus desloyal de tous C. Marie a-il peu commander de faire

mou-

DES DIEVX LIVRE III. 104

mourir Q. Catule personnage de tres-excellente dignité? Le iour me deffaudroit si ie voulois nombrer à combien de gens de bien il est aduenu mal, ny moins si ie raconte à combien de meschans il est aduenu tresbien? Car pourquoy est-ce que Marie pour la septiesme fois Consul est mort vieillard à sa maison? Pourquoy est-ce que Cinna le plus cruel de tous a tant long temps regné? Mais il en a payé la peine? Il estoit beaucoup meilleur de le retenir & empescher de tuer tant d'excellens personnages, que nõ pas q̃ quelquefois il en payast la peine. D'vn souuerain tourment & supplice Q. Varin homme tresimportun est mort. Mais pour ce qu'il auoit fait mourir Druse par fer, & Metel par venin, il estoit meilleur de les conseruer, que non pas que Varin payast la peine de sa meschanceté. Trente & huit ans Denis fut tyran d'vne Cité tres-riche & tres-heureuse. Combien auant cestuy en la fleur de la Grece Pisistrate, & Phalaris, & Apollodore a-il porté de peines, apres plusieurs tourmentez & tuez? Beaucoup de brigands aussi souuentesfois portent la peine de leurs forfaits, toutesfois nous ne pouuons pas dire que plusieurs captifs n'ayent esté tuez & meurtris cruellement, que non pas de brigands & voleurs. Nous auons apprins qu'Anaxarque Democritique fut bourrelé par le tyran Cyprian, & Zenon en Elee estre pery au milieu des tourmens. Que diray-ie de Socrate? à la mort duquel lisant Platon i'ay

DE LA NATVRE DES

toufiours accouftumé de plorer. N'apperçois-tu donc pas que fi les Dieux voyent les chofes humaines il n'y a point de difference du bien & du mal en leur iugement ? Certainement Diogene Cinique auoit couftume de dire, que Harpale, qui en ce temps là eftoit vn grand pillard, & tenu bien heureux, portoit tefmoignage contre les Dieux, d'autant que cefte bonne fortune il viuoit fi long temps. Denis le Tyran, duquel i'ay parlé cy deuant comme il euft pillé le moutier de Proferpine à Locres, il nauigeoit en Syracufe, & comme il tint fa route ayant le vent en poupe & à fouhait, en riant il dift, voyez-vous amis quelle bonne nauigation eft aux facrileges dónee par les dieux immortels? Et homme agu qu'il eftoit, comme il y euft bien & diligemment penfé perfeueroit en la mefme opinion : & comme fa flotte fuft furgie en Peloponnefle, & il fuft entré au moutier de Iuppiter Olympien, il luy ofta vn manteau d'or, de grand poix, duquel Hieron le tyran auoit orné Iuppiter des defpouilles des Carthaginois & mefmes fe goffa de luy, difant, que ce manteau d'or eftoit pefant en efté, & froid en hyuer, & mift au lieu vne cappe de laine difant qu'elle eftoit propre & conuenable en tout temps de l'annee. Et luy mefme commanda d'arracher la barbe d'or d'Efculape Epidaurié. Car il ne cóuenoit pas que le fils fuft barbu, veu qu'en tous moutiers le pere eftoit fans barbe. En outre il commanda d'ofter les tables d'argēt de tous les temples, aufquelles par ce qu'il eftoit

efcrit

DIEVX. LIVRE III.

escrit à la mode de l'anciéne Grece, des bons dieux, il disoit qu'il se vouloit seruir de leur bonté. Luy mesme ostoit & emportoit sans en faire doute, les petites victoires, les coupes, & les couronnes d'or, qui estoyét soustenuës des mains estéduës des simulachres, & disoit qu'il les prenoit, & qu'il ne les ostoit pas. Car c'estoit, disoit-il, vne folie, que de ceux a qui nous demandions des biens, nous ne les vouluffiós pas prendre quãd ils les nous tendoyent & les nous donnoyent. Et dit-on que luy mesme mist dehors au marché ces choses qu'il auoit emblees aux temples, & qu'il les vendit par le crieur public, & en ayant tiré l'argent feist edit, que chacun qui auroit quelque chose de sacré auant vn certain iour eust à le reporter en son propre temple. Ainsi à l'impieté enuers les dieux, il adiousta l'iniquité enuers les hómes. Et toutesfois Iuppiter Olympien ne le frappa point de foudre, ny Esculape ne le feist point mourir sechant tout debout d'vne miserable & longue maladie, mais mort en son lit fut porté au feu de la tyrannie, & la mesme puissance qu'il auoit acquise par crime & meschanceté, comme iuste & legitime il la laissa pour heritage à son fils. Mon discours s'arreste en ce lieu maugré que i'en aye. Car il semble apporter authorité de pecher, & le sembleroit à bon droit, si sans aucun esgard de la vertu & des vices le poix de la conscience n'estoit grief & pesant, laquelle ostee, toutes choses gisent par terre. Car tout ainsi que ny la maison, ny la Republique ne semble estre

Ee

DE LA NATVRE DES

designee par aucune raison ny discipline, si en icelle il n'y a point de prix pour les vertueux faits, ny de supplices pour les crimes & pechez, ainsi la diuine moderation & gouuernement du monde enuers les hommes certainement est nul, si en iceluy il n'y a aucune difference des biens & des maux. Mais les Dieux mesprisent les choses moindres & ne se soucient pas des petis cloz, ny des vignes d'vn chacun ny si le vent bruslant ou la gresle a nuy a quelqu'vn, Iupiter n'y doit pas prêdre garde. Ny aux royaumes mesmes, les Roys ne se souciêt pas de toutes les moindres choses. Car ainsi parlez vous, comme si au precedent ie m'estoy complaint du champ Formian de P. Rutilie, non pas de son salut perdu. Et certainemêt tous les mortels tiennent cela pour constant, qu'ils ont des dieux immortels, toutes les commoditez de dehors, vignes, blairies, oliuees, abondance de blez & de fruits, & en somme toute commodité & prosperité de la vie. Mais iamais personne n'a dit qu'il tient la vertu de Dieu, & certes a bon droit: car pour l'amour de la vertu nous sommes iustement louëz, & en vertu droittement nous receuons gloire & hôneur ce qui n'auiendroit pas, si nous auions ce don de Dieu, & non pas de nous. Mais si nous sommes augmentez en honneurs ou en biens, ou si nous auons rencontré quelque autre chose de bien fortuit ou chassé quelq̃ mal, alors nous en rendons graces aux dieux, & n'estimons riê en deuoir estre prins à nostre louáge. Quelqu'vn iamais a-il rendu graces aux dieux, pource qu'il estoit hôme de biê? Mais biê pource qu'il eſtoit riche, qu'il eſtoit honoré, qu'il eſtoit ſain, & pour ceſte cauſe ils appellent Iuppiter tresbon, tresgrād, non pource qu'il nous face iuſtes, temperez, ſages, mais parce qu'il nous fait ſains & proſperes, abondans & riches. Et iamais homme ne voüa la diſme à Hercule, s'il deuenoit ſage : quoy qu'on die q̃ Pythagore ayant inuẽté ie ne ſçay quoy de nouueau en la Geometrie immola vn bœuf aux Muſe. Mais ie ne le croy pas, car meſmes il ne voulut pas immoler vne hoſtie au Delien Apollon, de peur d'arrouſer l'autel de ſang. Mais pour reuenir à mon propos, ceſt le iugemẽt de tous les mortels qu'il faut demãder à Dieu la bõne fortune, & q̃ de ſoymeſme il faut apprẽdre la ſapiéce. Cõbiẽ q̃ nõ⁹ cõſacriõs des tẽples à la Penſee, à la Vertu, à la Foy, toutesfois nõ⁹ voyõs qu'elles ſõt poſees en nous tellemẽt, qu'il nõ⁹ faut demãder aux dieux le dõ d'eſperãce, de ſalut, d'ayde, de victoire. Dõques les proſperitez des meſchãs, cõme diſoit Diogene, redarguẽt toute vertu & puiſſãce des dieux. Mais quelq̃fois les gens de biẽ ont de bõnes iſſuës: certainement nõ⁹ les aſcriuons & attribuõs ſans aucune raiſon aux dieux immortels. Mais Diagore, celluy qu'õ appelle Athee, cõme il fuſt venu en Samothrace, & quelque amy luy euſt dit: Toy qui pẽſes que les dieux meſpriſent les choſes humaines, ne cõſideres-tu point par tãt de tableaux peints, cõbien il y en a qui par vœux ont eſchapé la fureur de la tẽpeſte. Cela ſe fait ainſi. Car ceux ne ſõt peints en nul lieu, qui ont fait naufrage, & qui ſõt peris en la mer. Et cõme les mariniers eſfrayez & eſpouuē-

Ee ij

rez. de la tormente. Luy diſſent, qu'à bon droit cela leur aduenoit, par ce qu'ils l'auoyent receu au meſme nauire, il leur monſtra en la meſme route pluſieurs autres en peril, & leur demanda s'ils penſoyent qu'écor en ces nauires-là fuſt porté Diagore. Car la choſe va ainſi, qu'il n'y a point de difference pour la bône ou mauuaiſe fortune quel tu ſois, ou comme tu ayes veſcu. Les Dieux, dit il, ne prennent pas garde à toutes choſes, auſſi ne font les Roys. Qui a-il de ſemblable? Car ſi les Rois oublient ou paſſent quelque affaire le ſçachans, ils ſont en grand coulpe. Mais à Dieu il n'y a point d'excuſe d'ignorance, lequel vous defendez vaillamment, qnand vous dites que telle eſt la puiſſance des Dieux, qu'encor qu'aucun par mort ait euité les peines de ſon crime, toutesfois telles peines ſont reſeruees à ſes enfans, neueux, & & deſcendans. O la merueilleuſe equité des Dieux! Y a il aucune cité qui ſouffriſt tel legiſlateur, que le fils ou le ſoufils fuſt condamné ſi le pere ou l'ayeul auoit forfait? Quel moyen eſt appreſté à la ruyne des Tantalides? ou quel aſſouuiſſement de ſupplice ſera iamais donné de ſouffrir les peines pour la mort de Myrtide? Ie ne puis pas aiſement dire ſi les poëtes ont depraué les Stoïques, ou ſi les Stoïques ont dôné authorité aux poëtes. Car & les vns & les autres diſent des choſes monſtrueuſes & meſchantes. Car celuy que le vers iambique d'Hypponax auoit bleſſé, ou qui eſtoit outragé par le carme d'Archiloc ne contenoit pas la douleur enuoyee de Dieu, non côçüe de luy-meſme. Et quand nous voyons la paillardise d'Egiste, ou de Paris, nous n'en recherchons pas la cause de Dieu, veu que nous oyons presque la voix de la coulpe. Et de moy ie ne suis pas d'auis que la santé de plusieurs malades n'ait esté plustost donnee d'Hippocrate, que d'Esculape: & ne diray iamais que la discipline des Lacedemoniens ayt esté plustost donnee d'Apollon en Sparte, que non pas de Lycurgue. Critolas, dy-ie a renuersé Corinthe, Hasdrubal, Carthage. Ces deux-là ont arraché les deux yeux de l'oree maritime. Dieu n'en fut courroucé contre aucun, lequel vous deniez se pouuoir courroucer: mais certes il y pouuoit subuenir, & conseruer telles & si grandes villes. Car vous mesmes auez coustume de dire, qu'il n'y a rien que Dieu ne puisse faire, voire mesmes sans aucun trauail. Car tout ainsi que les membres de l'homme sans aucune contétion sont meuz par la seule pésee & volonté, ainsi dittes-vous toutes choses estre faittes muës & muees par la puissance des Dieux. Et cela ne dites-vous pas superstitieusement & comme les vieilles, mais par vne raison naturelle & constante. Car la matiere des choses de laquelle, & en laquelle tout est, se trouue toute ployable & commuable, de sorte qu'il n'y a rien qui d'icelle, bien que soudainement ne puisse estre fait, & changé. Et que la diuine prouidence d'icelle toute est potiere & moderatrice. Qu'icelle donques quelque part qu'elle se meuue peut faire tout ce qu'elle veut. Pourtant ou elle ne sçait qu'elle peut, ou elle mesprise les choses humaines, ou bien elle ne

Ee iij

DE LA NATVRE DES

peut pas iuger que c'est qui est tresbõ. Elle ne se soucie pas de chacun des hommes, ce qui n'est rien de merueille, ny mesmes des citez: si d'icelles, ny aussi des gens & nations. Que s'elle les contemne aussi, quelle merueille y a-il si tout le genre humain est d'elle contemné? Mais comment est-ce que vous mesmes dittes que les dieux ne poursuyuẽt pas toutes choses, & neantmoins vous mesmes dittes que les dieux immortels departẽt & diuisent à plusieurs hommes les songes? C'est pourquoy ie discour de cecy auec toy, car la sentence des songes vous appartiẽt, & vous mesmes dittes qu'il faut encor receuoir les vœux. Car chacun fait vœu. Donques la diuine pensee oit aussi vn chacun. Vous voyez donques qu'elle n'est pas tant empeschee comme vous estimiez. Fay qu'elle soit estenduë, qu'elle tourne le ciel, qu'elle garde la terre, qu'elle modere les mers, pourquoy souffre-elle tant de dieux ne rien faire & estre oyseux? Pourquoy ne propose-elle aux choses humaines quelques Dieux de loisir, qui de toy Balbe, ont esté expliquez innombrables? Voyla presque tout ce que i'auoie à dire de la nature des dieux, non à fin de l'oster, mais à fin que vous entendissiez cõbien elle estoit obscure, & mal aisee à desployer. Ce qu'ayant dit Cotta, il mist fin à son parler. Mais Lucile plus vehementement, dit-il, Cotta, tu as inuectiué contre celle raison des Stoïques, qui de la prouidence des dieux a esté d'eux tressaintement & prouidemment establie. Mais parce qu'il vient ia sur le

ves-

DIEVX LIVRE III. 108

vespre tu nous donneras quelque iour à fin que nous mourions côtre cecy. Car i'ay debat auec toy pour les autels & pour les fouyers, & pour les moutiers & téples des dieux, & pour les murailles de la ville, que vous Pótifes dittes estre saints, & plus diligemment vous ceignez la ville de religion que des murailles mesmes, lesquelles abandonner tandis que ie pourray respirer, i'estime vn lasche forfait. Alors Cotta, de moy, dit-il, Balbus, & ie desire d'estre redargué, & ce que i'ay disputé, i'ay mieux aymé le discourir que d'en iuger, & si sçay bien qu'aisement ie puis estre vaincu de toy. Voire, dist Velleius, comme celuy mesme qui pense que les songes nous sont enuoyez de Iuppiter, lesquels toutesfois ne sont pas si legers & si vains, comme est le discours des Stoïques touchant la nature des Dieux. Comme ces choses furent dittes, nous departismes de sorte que la dispute de Cotta sembloit plus veritable à Velleius, & à moy celle de Balbus me sembloit approcher plus pres de la verité.

Fin des trois liures de la nature des Dieux.

ACHEVE D'IMPRIMER LE QVIN-
ZIESME IOVR DE IVILLET MIL
cinq cens octante & vn, par Pierre le
Voirrier Imprimeur du Roy és
Mathematiques,
Pour Abel l'Angelier, marchant Libraire.

www.ingramcontent.com/pod-product-compliance
Lightning Source LLC
Chambersburg PA
CBHW071950160426
43198CB00011B/1626